AF610047

# *LA APTITUD MENTAL REALISTA*

## *La solución a tus problemas*

*La técnica que te ayudará a alcanzar tus objetivos.*

*Javier almenar*

Ilustración de la portada y del libro: Pili Vallejo

1ª edición

ISBN: 978-1-4717-3233-1

Impreso en España / Printed in Spain

*Este libro se lo dedico a mi abuela y mi abuelo que tanto me enseñaron y me animaron en el largo camino de la vida. También se lo dedico a mis hijas, que sin saberlo me hicieron fuerte en muchos momentos difíciles. Por último, a mi pareja que me ha enseñado lo que es el AMOR de pareja.*

# ÍNDICE

# PRÓLOGO

El año 2012 es un año complicado, todo el mundo habla de la crisis, del paro, de los recortes, de los políticos corruptos, de la pérdida de derechos de los trabajadores, de la pérdida de valores de nuestra sociedad, de las escasas oportunidades que tienen los jóvenes, de las nulas oportunidades de nuestros adultos, y así podría escribir un libro, simplemente enumerando todo lo que ya sabemos y no encontramos solución.

Evidentemente, este libro no pretende dar ninguna solución a todas estas situaciones que estamos viviendo, todos sabemos de muchos libros que nos dicen como solucionar nuestros problemas, como ser mejores, como cambiar nuestra situación, y como en definitiva cambiar nuestro estado.

Este libro, no pretende nada de eso, no quiero que aquí encuentres la varita mágica para cambiar todo aquello que te hace infeliz, porque no existe esta formula, no quiero que busques aquí la solución a todos tus problemas, simplemente porque el simple hecho de vivir, hace que estos surjan siempre en mayor o menor medida, en definitiva, no quiero que pienses que voy a darte la clave para que encuentres trabajo, para que te hagas rico, para que consigas el amor de esa persona por la que pierdes tu sueño y muchos más ejemplos que iras viendo en este libro.

Este libro, solo pretende explicar unas series de pautas y aplicar una técnica que nos permita obtener todo lo que nos propongamos, mejorar nuestra forma de vida y obtener resultados en cualquier campo que deseemos.

Te invito simplemente a que lo leas y tú saques tus propias conclusiones. Que llegues a la última página y valores que has aprendido, o no has aprendido con él, que pienses, qué ha valido la pena leerlo, o qué no, pero ante todo lo que sí que pretende es que tu forma de ver y afrontar determinados problemas haya cambiado.

Estoy seguro, que voy ha recibir muchas críticas por parte de muchos ilustres escritores de libros de desarrollo personal y superación, de psicólogos, e incluso de personas muy preparadas en este tipo de campos. Me van ha definir, como una persona poco preparada para hablar de estos temas, nada más lejos de la realidad, llevo más de veinte años leyendo este tipo de libros de autoayuda, y no me importa absolutamente nada estas opiniones, lo que realmente me importa es a la conclusión que llegues tú, y muchos como tú, personas que necesitáis una serie de pautas sencillas, que sean simples pero eficaces, las principales las leeréis en este libro, pero otras seréis vosotros mismos los que las iréis descubriendo.

Todas las pautas que voy a daros en este libro, las he practicado y puedo asegurar que funcionan, que me están funcionando y como veréis, de forma sencilla.

Sé, que la lectura de este libro va a ayudar a mucha gente, cuando esto ocurra, yo habré alcanzado mi objetivo.

Confío plenamente en que la lectura de este libro os aporte algo, el qué, a priori no lo sé, pero cuando lleguéis al final encontrareis  tres páginas en blanco, ahí debéis de escribir las conclusiones a las que habéis llegado, os sorprenderéis cuando después de escribirlas las leáis, esas líneas que vosotros vais a escribir serán realmente las pautas que debéis de seguir. Y vosotros mismos seréis los que empezareis a valorar este libro.

# I PARTE

## La técnica de la aptitud mental realista

# 1. APTITUD MENTAL POSITIVA O REALISTA

Vaya dilema, ¿verdad?, cuantas veces hemos oído que para que cambie nuestra situación debemos tener una aptitud mental positiva, evidentemente, nadie nos dice que tengamos una aptitud negativa, y yo no voy ha ser el primero que lo diga.

Otra pregunta interesante es: ¿Qué piensas de la aptitud mental realista?

Primero debemos saber que significa “realista”, según el diccionario de la Real Academia Española la definición es: que actúa con sentido práctico o trata de ajustarse a la realidad.

Por lo tanto, lo que tenemos que hacer es tener una aptitud mental que nos permita actuar con sentido práctico en los cambios que queremos realizar en nuestra vida, tratando de ajustarnos a la realidad en este momento.

Vamos a ver un ejemplo, pensemos en un equipo de fútbol de barrio, que se va a enfrentar a cualquiera de los cuatro mejores equipos de nuestra primera división. Durante los seis meses anteriores a ese enfrentamiento vamos ha estar trabajando su mente con frases positivas (vamos a ganar el partido, somos lo suficientemente buenos como para conseguir el triunfo, todos somos iguales y jugamos once contra once, por lo tanto el triunfo va a ser nuestro).

También podemos trabajar su aptitud mental positiva con ejemplos gráficos, por ejemplo vamos a poner en un papel, detrás de la puerta de nuestra habitación el resultado que queremos conseguir, también podemos poner una foto de nuestro equipo levantando el trofeo que podemos ganar (hoy en día esto es fácil hacerlo con determinados programas informáticos).

Bien, ya hemos sentado algunas bases para que nuestra aptitud mental positiva vaya trabajando como mínimo todos los días durante los seis meses anteriores al partido.

Podríamos utilizar muchas más técnicas para reforzar nuestra aptitud mental positiva. Cuantas veces, nos han dicho que la repetición nos facilita conseguir nuestro objetivo, en este caso, repetiríamos miles de veces la frase: este partido, lo vamos a ganar. O también podríamos utilizar una famosa frase: “Sí, nosotros podemos”.

Sinceramente, ¿pensáis que este equipo tiene alguna posibilidad de ganar el partido?. ¿Verdad que no?, sus probabilidades son nulas, entonces que es lo que nos ha fallado, hemos empleado durante seis meses, unas pautas que nos ha creado una aptitud mental positiva y sin embargo el partido se ha perdido. Si hemos hecho todo lo que nos han dicho, ¿Qué ha pasado?

En principio, lo que habremos obtenido es una desilusión tremenda por no haber ganado el partido, y lo segundo empezaremos a dudar de las técnicas utilizadas para conseguir una aptitud positiva.

¿Esto quiere decir, que estas técnicas no sirven para tener una aptitud positiva? Por supuesto que sí son útiles, pero entonces ¿por qué no hemos conseguido nuestro objetivo? Que era ganar el partido, pues muy simple; en la misma pregunta está la solución al problema, nos equivocamos en plantearnos el objetivo, queríamos ganar el partido, pero ese objetivo no debía de ser el que buscábamos, deberíamos haber buscado otro objetivo, pero ¿Cómo puedo saber cual es el objetivo a alcanzar?

La clave está, en tener una aptitud mental realista, y en función de esta, definir cual o cuales son los objetivos.

En nuestro ejemplo, la aptitud mental realista es muy fácil de definir, debemos de pensar que por cuestiones obvias, no podemos ganar el partido, nuestro equipo es un equipo de barrio, el equipo contrario, es un equipo profesional, plagado de jugadores con una calidad muy superior a nosotros. Si tenemos claro cual es la situación real, podremos definir mejor nuestro objetivo, y por lo tanto nos será más fácil alcanzarlo,

Pensemos, que nuestro objetivo es disfrutar del partido lo máximo posible, porque vamos a jugar contra jugadores que admiramos, porque al final del partido podremos cambiar la camiseta con algunos de nuestros ídolos, porque nuestra familia nos va a ver rodeados de estrellas de fútbol en la televisión o en la prensa, porque nuestra afición va a disfrutar de nuestro equipo y del equipo contrario, y así podríamos enumerar una gran cantidad de objetivos, y lo menos importante será el resultado.

Todos estos objetivos y muchos más podrán ser fácilmente alcanzables, por una sencilla razón, porque tenemos una aptitud mental realista. Y si alcanzamos estos objetivos ¿Qué habremos obtenido? Sencillamente felicidad, bienestar, estaremos en un estado que en pocas ocasiones hemos tenido, y todo esto simplemente porque hemos planteado una situación desde un prisma real, con una aptitud mental realista.

Por lo tanto, no debemos de elegir entre una aptitud mental positiva y una aptitud mental realista, simplemente debemos complementar ambas, en primer lugar situarnos y definir nuestra aptitud mental realista, definir el objetivo o los objetivos reales, y después aplicar una aptitud positiva acorde a nuestra aptitud real.

En este caso, tenemos claro cual era nuestra aptitud real, cuales podrían ser los objetivos a alcanzar, y por lo tanto nuestra aptitud mental positiva será, que los objetivos son alcanzables porque son realistas, y no imposibles como al principio.

Si empleamos esta técnica de tener una aptitud mental realista, conseguiremos grandes logros, conseguiremos un bienestar acorde a nuestra situación, y por lo tanto, estaremos en un estado de ánimo mucho más feliz, y simplemente porque sabemos cual es la aptitud mental realista que debemos adoptar.

Hace un par de años, conocí en una cafetería a un chico joven de unos treinta y dos años, que se lamentaba de que llevaba dos o tres años buscando trabajo y no había forma de encontrarlo. Tenía un aspecto de cierto abandono, vestía con una camiseta negra descolorida por el uso, unos pantalones vaqueros oscuros y unas zapatillas deportivas de lo más normal, pero lo que realmente me llamaba la atención, era su semblante serio, con la mirada como perdida, y la cabeza cabizbaja. Estaba comentando, que era informático y desde que había terminado la carrera no había tenido la oportunidad de trabajar. No paraba de decir, que tenía necesidad de trabajar, que estaba cansado de no poder disponer de dinero para poder ir de viaje, comprarse ropa de marca, o un coche y un sin fin de objetivos que se desvanecían por falta de ingresos.

Tras un largo tiempo hablando con él, le pregunté: ¿Realmente quieres trabajar?, con mucha decisión me contestó con un "Sí" rotundo. En ese momento aproveché para explicarle mi teoría.

Le dije: amigo, tienes que cambiar de aptitud mental, tienes que adquirir una aptitud mental realista, es decir, la situación real es que no encuentras trabajo porque estás buscando trabajo

única y exclusivamente de lo que estudiaste y evidentemente la situación actual es muy difícil y oportunidades hay pocas. Por lo tanto, cambia a una aptitud mental realista, si quieres trabajar, busca cualquier trabajo que te permita conseguir tus objetivos, y para obtener estos objetivos tienes que definirlos desde la realidad de la situación actual en la que te encuentras. Tu objetivo, tiene que ser encontrar cualquier trabajo que te permita disponer de unos ingresos para poder buscar un trabajo de informático, es decir, trabaja en el primer trabajo que te ofrezcan y al mismo tiempo sigues buscando el que realmente te gusta. Si adquieres una aptitud mental realista y defines unos objetivos realistas y alcanzables, podrás conseguirlos más fácilmente, y adquirirás un estado de ánimo tranquilo, ilusionado, positivo y feliz, y de esta forma podrás aplicar una aptitud más positiva que trasmitirás a gente de tu alrededor y crearás las condiciones necesarias para alcanzar el objetivo final, que es trabajar en lo que realmente te gusta y para lo que te preparaste en la carrera universitaria.

Pasado unos diez meses, volví a encontrarme a este chico en la misma cafetería, y le dije que hacía tiempo que no le veía, que tenía un aspecto distinto, vestía con una camisa roja con detalles blancos en puños y cuello, realmente era preciosa, también llevaba unos pantalones vaqueros modernos y unas zapatillas que llamaban la atención por su diseño, todo de marcas caras y conocidas.

El chico, tenía un semblante tranquilo y saludable, esbozaba una ligera sonrisa y daba una sensación de estar seguro de si mismo, que la primera vez que hablé con él no tenía.

Me miró a los ojos, y con una sonrisa sincera me dijo: gracias por la conversación que tuvimos hace diez meses, no te puedes imaginar lo que me ayudaste y me animaste, me distes un consejo que hizo que mi vida cambiase.

El chico entusiasmado, comenzó a contarme lo que había ocurrido en esos meses, me dijo: "Al día siguiente de vernos, comencé a buscar trabajo, tanto de informático como cualquier otro trabajo sin seleccionar, no fue fácil, pero al no limitar mi idea del trabajo que buscaba, las opciones de encontrar algo interesante se multiplicaron por mil, en definitiva a los cuarenta y cinco días después de vernos aproximadamente, un amigo me ofreció trabajo en una cafetería como camarero, del cual era propietario, y yo acepté encantado. El primer objetivo real que me planteé lo había conseguido, era trabajar. Mientras trabajaba en el bar, seguía buscando trabajo de informático, que era lo que realmente me gustaba, pero seguía sin encontrar nada. Con mi primer sueldo, me fui a un centro comercial y me compre unas camisas, unos pantalones y un par de zapatillas, todo de marcas conocidas. Mi forma de vestir cambió y en consecuencia mi aspecto mejoró considerablemente. A los tres meses de estar trabajando, un cliente que estaba desayunando, me vio, como tenía abierta la tapa del ordenador que utilizábamos como caja registradora (TPV táctil, se había estropeado e intentaba repararlo), me preguntó si sabía de informática, y evidentemente le conteste que sí, que realmente era informático. El hombre, sorprendido de que siendo informático trabajase allí, me preguntó; ¿A ti, te interesaría trabajar en mi empresa de informático?, mi empresa se dedica, a realizar encuestas telefónicas, y cada operadora dispone de un ordenador, en definitiva, disponemos de sesenta ordenadores y el informático que teníamos se ha ido a otra empresa. ¿Puedo contar contigo?

Sorprendido le contesté que sí, y quede al día siguiente por la tarde en pasarme por su empresa que estaba en la misma calle que la cafetería. Estuve hablando con él en su despacho y a los quince días estaba trabajando en su empresa. Tan solo habían transcurrido cinco meses desde que había hablado contigo y ya había conseguido mi objetivo de trabajar de informático, y además con un salario muy interesante, y poco más te puedo contar, llevo cinco meses en esa empresa y vengo de comprarme un coche. Así que, amigo muchas gracias por tus palabras en nuestra primera conversación, me cambiaron la vida.

Me alegré mucho por el chico, de todo lo que le había pasado, evidentemente, el cambio producido había sido excepcional, pero ¿Por qué se habían producido todos esos cambios?, simplemente porque él, cambió a una aptitud realista, planteándose unos objetivos realistas y alcanzables, y cambiando su aptitud (forma de vestir, mejorando su aspecto, y su expresión de la cara al estar más alegre), había conseguido una aptitud mental positiva basada en los cambios producidos al ir alcanzando sus objetivos realistas.

Por lo tanto, si queremos cambiar nuestra situación, lo que debemos de hacer es pararnos, sentarnos, cambiar a una aptitud mental realista, coger un papel y escribir en él nuestros objetivos realistas, más inmediatos y alcanzables, una vez tengamos estos, nos resultará más fácil obtenerlos y por lógica cambiaremos a una aptitud mental realista y positiva que nos permitirá alcanzar nuevos objetivos, mejorando nuestra situación constantemente, y este ciclo lo podemos repetir tantas veces como sea conveniente o necesario.

# 2. OBJETIVOS REALISTAS Y ALCANZABLES

Hemos visto la importancia de tener una aptitud mental realista, hemos visto, con ejemplos la importancia de tener objetivos realistas y alcanzables. Ahora vamos a ver, como se pueden fijar estos objetivos realistas y alcanzables.

De nada sirve tener una aptitud mental realista, si al definir nuestros objetivos estos, no son ni realistas ni alcanzables.

Estaba viendo en televisión un maravilloso documental sobre una tribu africana, en una de las escenas, los cazadores de la tribu salen a cazar para llevar comida a la aldea. Salen ocho cazadores con sus flechas y sus escudos, en el documental se narraban que iban a cazar una especie de antílopes que estaban asentados cerca. Cuando llegan a la llanura donde se encuentran los animales, se acercan sigilosamente. En ese momento, ven como los animales comienzan a correr y ellos salen en su persecución, de repente uno de los cazadores aprecia como uno de los antílopes tropieza con un tronco de un árbol y se cae, rápidamente se levanta y sigue corriendo, pero parece ser que se ha hecho daño en una pata y la lleva encogida, corre solo apoyándose en tres patas, esto hace que vaya más lento que el resto de la manada, los cazadores que se dan cuenta dejan de correr detrás de los otros antílopes y se dirigen hacia el lesionado. Al no poder correr tan rápido como antes de caerse, los cazadores pronto llegan a su altura y le lanzan unas lanzas consiguiendo cazarlo.

Que sencillo ejemplo, ¿verdad?, la aptitud mental realista de los cazadores, era obtener comida para la tribu, el objetivo era cazar antílopes, pero una vez llegaron donde se encontraban estos, y tras ver como uno de los animales se había lesionado decidieron correr tras él, puesto que era más fácil alcanzarlo y en definitiva cazarlo.

Cambiaron su objetivo sobre la marcha, decidieron cazar al animal más débil y por lo tanto era para ellos un objetivo real, pero además era más alcanzable que los otros antílopes.

Imaginemos por un momento, una persona que quiere perder diez kilos de peso, comienza una dieta planificada por su médico dietista, en principio está animada, porque tiene claro cual es su aptitud mental realista (quiere perder peso para estar mejor), los objetivos son claros, es perder diez kilos. Pero ocurre lo siguiente, que una vez ha pasado una semana se pesa y solo ha perdido quinientos gramos y él, quería perder los diez kilos rápidamente, contrariado, esto le crea ansiedad, tristeza y un cierto desanimo que le influye en la segunda semana

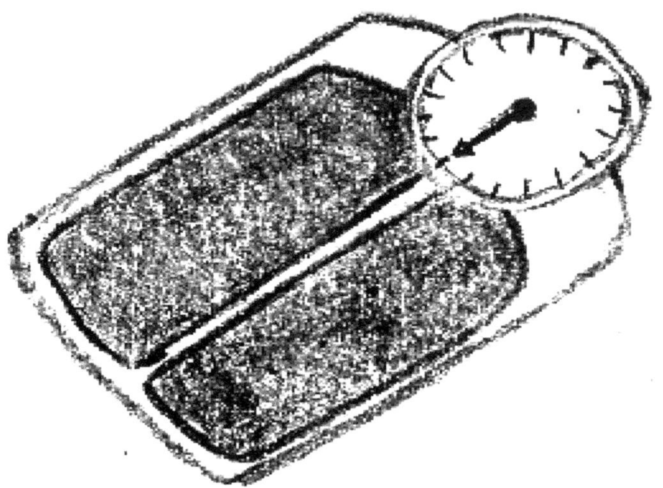

de la dieta, le influye tanto que en esa segunda semana no pierde ni un gramo, ya no ha seguido las recomendaciones del médico e incluso ha recuperado cien gramos de los que había perdido la primera semana.

En este caso, lo que ha ocurrido es que su objetivo de perder diez kilos era un objetivo realista, los podía perder, pero no era un objetivo realista alcanzable, por lo menos para conseguirlo en una semana.

Debía de cambiar su objetivo realista a uno alcanzable, es decir, la mejor postura hubiese sido plantearse como objetivo rebajar su peso en quinientos gramos a la semana, ser constante, cumplir todas las recomendaciones y como objetivo realista alcanzable, perder esos diez kilos en unos cinco meses. Si desde el primer momento se hubiese planteado este objetivo realista alcanzable, no se habría desanimado y habría alcanzado pasado unos meses, su objetivo final.

Entonces, debemos de ser conscientes de las limitaciones que tenemos en cada momento y adaptar nuestros objetivos realistas alcanzables, en primer lugar a los más fáciles de alcanzar, una vez alcanzados estos, podremos plantearnos nuevos objetivos un poco más complicados, pero siempre que sean alcanzables. Tener en cuenta, que la suma de muchos pequeños objetivos realistas alcanzables nos llevaran a obtener un gran objetivo realista alcanzable.

Tenemos que fijar claramente nuestros objetivos, como veremos en los siguientes capítulos debemos pasar a la acción y ser constantes.

Un entrenador de fútbol en una rueda de prensa previa a un partido le preguntaron: ¿Cree que ganará el campeonato?, su respuesta fue rápida, contundente y realista, contestó. Mi objetivo es ganar el próximo partido, dentro de catorce días el siguiente partido y así sucesivamente, si gano todos los partidos, sí que seremos campeones.

Evidentemente, este entrenador tenía un objetivo realista alcanzable que era ganar el partido, y si posteriormente, seguía alcanzando los siguientes objetivos que eran seguir ganando, alcanzaría su objetivo final realista y alcanzable.

Lo mismo ocurre con las personas que han alcanzado el éxito en los negocios. Si pensamos en grandes empresarios, fijaros que en principio todos tenían una aptitud mental realista, se fijaron unos objetivos realistas alcanzables pequeños, poco a poco incrementaron sus objetivos realistas alcanzables y la suma de todos estos, les llevó a que sus negocios tuviesen un gran éxito. Podéis pensar en grandes empresarios de éxito que empezaron de la nada y hoy poseen grandes fortunas.

Otras personas de las que podemos aprender, son los grandes cantantes, seguro que tienes algún cantante preferido de gran éxito, realmente ¿piensas que de la noche a la mañana triunfó en la canción?, seguro que piensas que no, todos los cantantes empiezan poco a poco, obteniendo objetivos parciales hasta llegar al éxito final.

Más ejemplos podemos encontrar en los atletas, ¿pensáis que de la noche a la mañana se hacen campeones?, ¿verdad que no?, el entrenamiento y el esfuerzo, les permite que vayan progresando, que vayan alcanzando pequeños objetivos realistas alcanzables, hasta llegar al objetivo final y obtener el éxito.

Por lo tanto, es muy importante que nos planteemos unos objetivos realistas alcanzables a corto plazo, porque si vemos que vamos consiguiéndolos, nos animaremos, tendremos una aptitud mental realista y esta, nos llevará a tener una aptitud mental positiva, nos encontraremos mejor, más animados, con mejor predisposición para hacer cosas, y todo esto nos permitirá alcanzar nuestro objetivo final realista y alcanzable, en definitiva alcanzaremos el éxito que buscamos.

Cuando nos fijemos los objetivos realistas alcanzables, tenemos que analizar de qué tipo son, podemos distinguir dos clases, los objetivos realistas alcanzables parciales y el final. De tal manera que la suma de los primeros son los que nos permiten alcanzar el segundo.

En muchas ocasiones hemos escuchado la siguiente frase: “todo ladrillo hace pared”, y así es, un ladrillo no hace una pared, pero la suma de muchos, evidentemente sí.

Lo mismo debemos de hacer nosotros, tenemos que plantearnos objetivos realistas alcanzables parciales, y una vez los hayamos conseguido, la suma de estos nos llevarán a alcanzar el objetivo final. Cuando utilizamos esta técnica y conforme vamos alcanzando objetivos parciales, estamos alimentando nuestra mente con energía positiva, nos sentimos más seguros de nuestras posibilidades, vemos que a cada objetivo parcial alcanzado nuestro objetivo final está más cerca.

Muchas personas se apuntan a un gimnasio para obtener un físico mejor, pero realmente pocos llegan a alcanzar este objetivo, ¿Sabéis por qué?, es muy simple, cuando nos apuntamos a un gimnasio tenemos definido un objetivo real alcanzable, que es obtener un físico mucho mejor, pero cuando llevamos varias semanas entrenando en el gimnasio, nos damos cuenta que nuestro progreso es más lento de lo que nos gustaría, esta situación nos produce un estado anímico negativo, poco a poco nos vamos desilusionando, y al final dejamos de ir, en definitiva nuestro objetivo final alcanzable se ha esfumado. Pero sin embargo, si nos planteamos objetivos realistas parciales y alcanzables, conforme vayamos obteniendo estos nos animaremos más, veremos como semana a semana vamos obteniendo un físico mejor, y con constancia, y paciencia, sumando cada uno de los objetivos realistas parciales nos llevarán a obtener nuestro objetivo final, mejoraremos nuestro cuerpo tal y como queremos. Esta, es la gran diferencia entre los que alcanzan su propósito en el gimnasio y los que no lo consiguen. Los primeros, son constantes y se marcan unos objetivos realistas y alcanzables a corto plazo y otro objetivo realista alcanzable final. Los que no lo consiguen solo se plantean el objetivo realista alcanzable final, y como ven que los resultados no llegan se desmoralizan y desisten.

Podemos comparar como fijar objetivos reales alcanzables a una vuelta ciclista por etapas. Los objetivos realistas alcanzables parciales, en una vuelta ciclista es el obtener el mejor tiempo en cada etapa, y el objetivo final alcanzable realista es haber realizado todas las etapas en menos tiempo que el resto de los ciclistas.

Por lo tanto, después de adquirir una aptitud mental realista, nos plantearemos qué objetivos realistas alcanzables parciales obtener, para al final alcanzar los objetivos realistas alcanzables finales.

# 3. PASAR A LA ACCIÓN

Hemos visto y aprendido la importancia de tener una aptitud mental realista para poder marcarnos unos objetivos realistas parciales y finales, alcanzables, pero en este capítulo, vamos a aprender de la importancia de pasar a la acción para alcanzar estos objetivos.

Según el diccionario de la Real Academia Española la definición de "acción" es: ejercicio de la posibilidad de hacer, o también el resultado de hacer.

Si tenemos nuestros objetivos realistas alcanzables claramente definidos, el siguiente paso importante es hacer algo para poder alcanzarlos, debemos pensar y buscar todas aquellas acciones que nos permitan conseguirlos.

En nuestra vida, siempre nos ocurren cosas que han pasado por haber hecho algo, no ocurre absolutamente nada sin hacer nada. Me acuerdo de un amigo que en una ocasión me dijo: "El que no hace nada, no consigue nada, y el que hace algo puede conseguir algo". Evidentemente así es, pero aunque todos sabemos de la importancia de "hacer algo" para conseguir nuestros objetivos, muchas veces nos quedamos esperando a que ocurran sin hacer nada, permaneciendo con los brazos cruzados, confiados en que se va a producir un milagro.

Veamos un ejemplo, siempre he escuchado la típica frase: "que suerte ha tenido el afortunado del último sorteo del euro millón, le ha tocado un millón de euros". Vamos a analizar este ejemplo, esta persona tenía un objetivo, que era ganar dinero con este sorteo, para conseguirlo lo más importante que hizo fue pasar a la acción, rellenó un boleto y lo llevó a sellar al sitio adecuado. Evidentemente, en pocas ocasiones, se consigue ganar un premio en un sorteo la primera vez que se juega, quizás era un hombre que llevaba años jugando, pero consiguió su objetivo porque pasó a la acción, y probablemente por la constancia al estar jugando desde hacía tiempo (en el siguiente capítulo, veremos la importancia de la constancia). ¿Pensáis que a alguien le puede tocar el premio de un sorteo si no juega nunca?, habéis oído de algún caso, en el que se gane un premio sin emprender la acción de jugar, no verdad, porque si no se realiza esta acción, no podemos ganar el premio.

Otro ejemplo, una tienda de ropa se traspasaba porque no tenía prácticamente clientes, a los pocos días una pareja joven se hizo cargo de la tienda, se marcaron un objetivo realista, sencillamente, querían que la tienda fuese su fuente de ingresos, por lo menos para mejorar su calidad de vida, el siguiente paso, era pasar a la acción para conseguir clientes, decidieron trabajar con artículos cuyo precio fuese único, económicos y de una calidad media. Pensaron como dar a conocer su tienda, para ello, hicieron un reparto de panfletos publicitarios informando a todos los vecinos de su barrio de las ventajas de sus artículos (precio único accesible, calidad, diseño y modernos), este reparto tuvieron que hacerlo ellos, puesto que tras la inversión que habían realizado, no podían pagar a nadie. La siguiente acción que realizaron, fue informar a todos sus amigos para que estos a su vez se lo contasen a sus amigos y entorno, de que tenían una tienda con las características anteriormente enumeradas, todo esto lo hicieron a través de las redes sociales de Internet (era el medio más rápido para promocionarse y el más económico). Estas acciones las realizaron durante un periodo de tiempo considerable, fueron constantes en sus acciones hasta que curiosamente la tienda comenzó a funcionar, la popularidad de la tienda creció, y a los dos años, tenían cinco tiendas en la misma ciudad. El éxito se había alcanzado, y lo mejor, los objetivos se habían cumplido, la calidad de vida era mucho mejor que la que tenían antes de quedarse la tienda, y no solo habían conseguido vivir de su negocio, sino que además habían superado con creces sus expectativas.

¿Qué ocurrió para que estos jóvenes obtuviesen tanto éxito?

En primer lugar, tuvieron una aptitud mental realista, ellos sabían que una tienda convencional, con precios caros no iba a funcionar por la situación social que había (crisis), esto les llevó a cambiar los artículos de la tienda y la filosofía de negocio enfocándolo a un mayor número de posibles clientes, definieron como objetivos reales poder vivir de su negocio, obtener unos ingresos suficientes. Con todo esto, ya solo faltaba pasar a la acción, buscar fórmulas dentro de sus posibilidades que les permitiesen darse a conocer, aplicando estas constantemente, aplicando una actitud mental realista, y todo ello desembocó en obtener un gran éxito.

¿Creéis que tuvieron suerte? ¿Qué hubiese pasado si no hubiesen pasado a la acción? Posiblemente, no habrían tenido ningún éxito si al abrir su negocio no hubiesen hecho nada, si hubiesen abierto su negocio y  sin darse a conocer sus probabilidades de alcanzar su objetivo serian muy limitadas, por lo tanto hicieron algo muy importante, definieron sus objetivos, y pasaron a la acción.

Por lo tanto, tenemos que tener muy claro la importancia de tener una aptitud mental realista, de fijar unos objetivos realistas y alcanzables, y pasar a la acción.

Llegado a este punto, muchos de vosotros os preguntareis, ¿Y cómo puedo saber que acciones realizar para alcanzar mis objetivos?, a continuación voy a dar algunos consejos.

Desde niños, nos acostumbran a aprender de los mayores, de nuestros abuelos, de nuestros padres, de nuestros familiares en general, en el colegio de nuestro profesor, y así nos damos cuenta de que siempre estamos aprendiendo, entonces por qué no vamos a aprender de aquellas personas que han obtenido éxitos, o de aquellas empresas que funcionan con un tremendo éxito.

En el ejemplo de la tienda de ropa, posiblemente los jóvenes se fijaron en aquellas tiendas de ropa que funcionan con mucho éxito, comprobarían que estas tiendas invertían en publicidad para darse a conocer y triunfar, pero lo más importante es que sabiendo lo que hacían los demás, lo aplicaron ajustándose a sus posibilidades, evidentemente ellos no podían realizar grandes campañas publicitarias, pero si ajustarse a sus posibilidades y buscar medios eficaces a su alcance. Supieron desde el principio al tener claro y definidos sus objetivos realistas, que también sus acciones tenían que ajustarse a su realidad y posibilidades. Y por supuesto fueron constantes, aplicaron una aptitud mental realista puesto que su plan estaba perfectamente diseñado y creían en ellos mismos.

También podemos definir nuestras acciones a emprender analizando con que medios disponemos, podemos ver un ejemplo en un cocinero, si tiene

que realizar una comida para diez personas, tendrá que tener todos los ingredientes necesarios para confeccionar el plato, se preocupará de que no le falte ninguno y cocinará todos los alimentos hasta terminar de realizar el plato. Pero si se da cuenta que le faltan algunos ingredientes, posiblemente tendrá que cambiar el plato a cocinar y con los ingredientes que tiene, con su saber hacer y con su imaginación podrá realizar un plato adecuado a sus comensales.

Por lo tanto, si tenemos claramente definidos nuestros objetivos realistas, también tenemos que aplicar acciones realistas acordes a nuestras posibilidades, y aplicar las correcciones necesarias para llegar a nuestro fin.

Recomiendo que siempre tengas un papel y un bolígrafo, para que puedas escribir todas aquellas acciones que te permitan conseguir tus objetivos, una vez escritos debes de analizar cuales están dentro de tus posibilidades, y a partir de este momento ya estarás preparado para pasar a la acción.

Muchos lectores de este libro, os preguntareis, ¿Y si no tengo ningún medio para pasar a la acción?, en este caso la respuesta es muy sencilla, la aptitud mental realista puede haber funcionado, puedes haberla puesto en práctica correctamente, pero sin duda en lo que has fallado es en definir los objetivos reales, en este caso hay que rectificar como hizo el cocinero en nuestro ejemplo anterior, debemos de fijar otros objetivos realistas parciales y finales, en sintonía con las herramientas que disponemos, en este momento es cuando te darás cuenta del error que has cometido, pero al aplicar las nuevas acciones, comprobaras que el sistema funciona, y funciona sencillamente porque has realizado correctamente todos los pasos explicados hasta ahora.

Recordemos el caso del informático que vimos en él capítulo primero, la aptitud mental realista fue la correcta, se dio cuenta que quería trabajar pero de informático era muy difícil, definió sus objetivos realistas parciales alcanzables, buscó cualquier trabajo que le diese la posibilidad de obtenerlos, y pasó a la acción, utilizó posiblemente varias herramientas, la primera fue hablar con gente para conseguir un trabajo, lo que le llevó a que un amigo se lo ofreciese, siguió entregando currículums para conseguir un trabajo de lo que a él le gustaba, pero como seguía sin alcanzar su objetivo, volvió a emplear la primera acción que tan buen resultado le había dado, la palabra, habló con un cliente de la cafetería que le preguntó si era informático y al contestar "sí", encontró la oportunidad que estaba buscando, alcanzó su objetivo realista final alcanzable, funcionó el sistema, pero funcionó porque siguió todos los pasos sin cometer errores, y utilizó las herramientas que estaban a su alcance (la palabra y los currículums), y por supuesto empleó estas simultáneamente.

En una ocasión, me comentó un conocido una anécdota sobre un campesino, es la siguiente: "A quince kilómetros de un pueblo cercano había un campesino sembrando en su tierra unas verduras. Se acercó un chico joven por su espalda, se paró detrás de él y le preguntó cuanto tardaría en llegar al pueblo. El campesino se dio la vuelta le miró y le dijo que no sabía cuanto tardaría. El chico se dio media vuelta y comenzó a andar, cuando llevaba cincuenta metros andados, el campesino le dijo gritando, tardaras unas dos horas, el chico se volvió y le dio las gracias".

Que ha ocurrido, ¿por qué no le contestó al principio?, simplemente, que cuando llegó el chico, el campesino no lo vio, y cuando se fue es cuando se dio cuenta a que ritmo andaba y por lo tanto ya podía hacerse una idea de cuanto le costaría al chico llegar al pueblo. Hasta que el chico no emprendió la acción de andar, el campesino no sabía cuanto podría tardar en llegar a su destino, no podía saber a que velocidad de paso andaba.

Por lo tanto hasta que no pases a la acción, hasta que no comiences tu camino no sabes cuanto te va a costar llegar a tu objetivo. Hay que aplicar estos pasos con seguridad, analizar la situación, adquirir una aptitud mental realista, definir unos objetivos realistas alcanzables y con las herramientas con las que disponemos pasar a la acción, el siguiente paso para alcanzar nuestros objetivos realistas alcanzables es ser constante.

# 4. CONSTANCIA

Cuando era pequeño, mi abuela, me contó una historia que me enseñó mucho y quiero compartir con vosotros, era esta:

"Hace muchos años, había un río con un agua tan transparente y limpia, que dos pueblos iban a coger agua para beber ellos y sus animales, estaba en medio de dos grandes montañas, y en la cima de cada una de estas montañas, estaban situados los pueblos. Todos los días bajaban al río para coger agua.

El primer pueblo se llamaba Villa Constancia, y el otro pueblo que estaba a la otra parte del río se llamaba Villa Inconstancia.

Después de un verano muy caluroso, los alcaldes de ambos pueblos se reunieron, la cuestión a tratar era ver que podían hacer los dos municipios para llevar el agua y no tener que bajar constantemente al río. Se reunieron durante horas, y ambos alcaldes después de mucho deliberar y plantear muchas opciones, decidieron hacer unos conductos de tuberías hasta los pueblos y con una bomba de agua situada en cada plaza subir el agua del río, y de esta forma no tener que recorrer los tres kilómetros de distancia entre los pueblos y el río.

Se pusieron manos a la obra, en Villa Constancia comenzaron a unir y dirigir largas tuberías hacia su localidad, lo mismo hicieron en Villa Inconstancia.

Trabajaron duro durante los meses de otoño e invierno, la finalidad era que las obras se acabasen antes de que llegasen las altas temperaturas.

Ambos pueblos, consiguieron uno de sus objetivos, ya entrada la primavera, habían llegado con las tuberías al centro del pueblo, diseñaron una fuente muy bonita, preciosa, pero para poder hacer subir el agua desde el río, ambos pueblos pusieron una bomba de agua, en aquella época, las bombas de agua eran de un metro aproximadamente de altura, con un fuerte brazo que había que bombear (hacia arriba y hacia abajo), de esta forma el agua iba siendo absorbida e iba subiendo por las tuberías hacia el pueblo.

Los habitantes de Villa Constancia y Villa Inconstancia estaban entusiasmados, celebraron una gran fiesta que comenzó al atardecer y terminaron a altas horas de la madrugada.

Al día siguiente, cuando todos los ciudadanos de ambos pueblos estaban despiertos y en la plaza junto a la fuente, comenzaron a bombear la palanca de la bomba de agua, con el fin de hacer subir el agua desde el río, para ello decidieron hacer turnos, cada vecino debía de estar diez minutos bombeando en la fuente de su pueblo.

Ambos pueblos estaban ilusionados, comenzaron con mucha fuerza, primero pasaron todos los habitantes de cada uno de los dos municipios, luego comenzaron otra vuelta, y otra y otra, así hasta la madrugada, pero llegada las dos de la madrugada, en Villa Inconstancia decidieron dejar de bombear y volver al día siguiente. Mientras en Villa Constancia siguieron, estuvieron hasta las cinco de la madrugada bombeando y en ese momento comenzó a salir agua por la fuente.

En Villa Constancia se organizó una fiesta con bailes, bebidas y comida, tal era el alboroto, que desde la otra montaña en Villa Inconstancia se despertaron algunos vecinos y pudieron ver la fiesta que había en el otro pueblo. Pronto se dieron cuenta, que en Villa Constancia habían conseguido subir el agua desde el río al pueblo.

En Villa Inconstancia se animaron y a la mañana siguiente volvieron a bombear, el problema que se encontraron, es que al haberlo dejado la noche anterior y no haber conseguido que llegase el agua del río hasta la fuente, el agua había bajado otra vez al río. Así que empezaron a bombear otra vez, estuvieron todo el día y alrededor de la media noche, cansados volvieron a dejarlo hasta el día siguiente.

Cuando se levantaron a las seis de la mañana volvieron a darse cuenta que el agua había vuelto a bajar hasta el río, esto lo estuvieron haciendo durante varias semanas, hasta que un vecino convenció al resto de que no debían parar hasta que el agua llegase a la fuente.

Se pusieron manos a la obra y estuvieron todo el día bombeando agua, hasta que por fin consiguieron que el agua llegase a la fuente, el único problema es que habían perdido muchos días. Pero al final también hicieron una fiesta, todo el pueblo disfrutó.

Mientras, en Villa Constancia al llevar el agua antes a su población, pudieron dar de beber a sus animales, regar sus tierras y los ciudadanos ya no perdían el tiempo en bajar hasta el río, se hizo un pueblo rico en ganadería, y agricultura.

Por otra parte, en Villa Inconstancia, aún no habían empezado a desarrollar su agricultura y ganadería.

Esta es la historia de nuestros dos pueblos, Villa Constancia y Villa Inconstancia."

Sensacional historia, que me enseñó el desarrollo principal de la aptitud mental realista, de los objetivos realistas alcanzables y de la constancia.

Analicemos la historia anterior. Ambos pueblos tenían una aptitud mental realista, sabían que ir todos los días al río a por agua además de ser un esfuerzo, les limitaba a la hora de llevar la cantidad necesaria, optaron por plantearse un objetivo realista alcanzable, consistía en unir tuberías desde el río subiendo la montaña y en la plaza del pueblo poner una bomba de agua en una fuente. Perfecto, era un objetivo realista alcanzable, sabían que en otros pueblos se suministraban así de agua, desde los ríos cercanos. Rápidamente pasaron a la acción, recordad en él capitulo anterior la importancia de hacer algo, de pasar a la acción para conseguir los objetivos.

Hasta aquí, se estaba cumpliendo todo el plan siguiendo los pasos necesarios para obtener el éxito, pero entonces ¿qué diferencia hubo entre Villa Constancia y Villa Inconstancia, para que el primero obtuviese su objetivo y sin embargo el otro pueblo no lo lograse hasta que lo intentaron varias veces?, muy fácil, lo que nos diferencia de que unas personas consigan unos objetivos y otros no, aplicando las mismas herramientas y el mismo interés, es simplemente la constancia.

Los habitantes del primer pueblo fueron constantes y no dejaron de bombear agua hasta que obtuvieron su objetivo, mientras que en el segundo pueblo se cansaban, desistían y al final debían de empezar otra vez, perdiendo un tiempo muy valioso.

Esa fue la gran diferencia entre un pueblo y otro, y por esta razón el primer pueblo prosperó más rápido que el otro.

Sin embargo, hay un detalle importante que no debemos de pasar por alto, el segundo pueblo al final también consiguió su objetivo, y esto nos puede enseñar dos cosas importantes a tener en cuenta, la primera es que rectificaron en su planteamiento, gracias a un vecino, decidieron no parar hasta obtener que el agua llegase a la bomba, y lo segundo que aprendieron es que si tenemos unos objetivos reales alcanzables y somos constantes conseguiremos estos.

En el próximo capítulo, veremos la importancia de rectificar si fuese necesario.

Por lo tanto, si queremos obtener éxito en cualquier misión que nos planteemos, debemos de ser perseverantes, actuar con tesón, con tenacidad, empeño, firmeza e incluso en ciertos casos con obcecación, algunas dosis de cabezonería y por lo tanto con insistencia, es decir, estamos definiendo la constancia.

No quiero pasar por alto, otra lección que aprendí con esta historia, recordad que el primer pueblo consiguió subir el agua a las cinco de la madrugada, mientras que el segundo pueblo dejó de bombear a las dos de la madrugada, que nos dice esto, pues que muchas veces por falta de constancia no alcanzamos nuestros objetivos cuando estamos a las puertas de conseguirlo, en este caso por tres horas de diferencia un pueblo obtuvo el éxito y el otro no.

Tener muy presente este punto, cuando hemos tomado la determinación de un objetivo, debemos de tener la constancia suficiente para alcanzarlo, de nada sirve comenzar todo el proceso de aptitud mental realista, de marcarnos unos objetivos realistas alcanzables y emprender la acción, si al final no tenemos constancia. Habremos perdido el tiempo y la energía, y lo peor, es que no habremos llegado a obtener el éxito que pretendíamos, lo cual, nos generará una frustración que nos llevará a un estado de ánimo peor al que teníamos cuando decidimos empezar un cambio en nuestra vida, un cambio para mejorar, un cambio que deseamos para estar mejor, en definitiva, en un principio nuestra aptitud ha sido la correcta, pero al no tener constancia el efecto ha sido negativo e incluso nos ha llevado a un punto más atrás del que estábamos.

La constancia ha sido la clave de la gran mayoría de personas que han obtenido éxito, desde deportistas, empresarios, emprendedores, investigadores, e incluso es la clave en muchos de los aptos cotidianos, para conseguir la pareja deseada, para encontrar trabajo, para perder peso, para terminar nuestros estudios, y así podríamos poner miles de ejemplos.

Todos hemos oído que Thomas Álva Edison, en 1879, perfeccionó la "lámpara incandescente", su objetivo era obtener un filamento que alcanzara la incandescencia sin fundirse, después de muchos intentos con sus correspondientes fracasos, consiguió con un filamento que no era de metal sino de bambú carbonatado, que su bombilla luciera durante cuarenta y ocho horas seguidas. Aplicó nuestra técnica, tenía una aptitud mental realista, sabía que podía conseguir una bombilla con filamentos que no se fundieran porque tenía muchos componentes para intentarlo (las herramientas necesarias, de las que hablamos en el capítulo anterior), se planteó como objetivo real buscar ese filamento, se puso manos a la obra, comenzó la acción, fue constante, y como hemos dicho antes incluso un poco tozudo, rectificó tantas veces como fue necesario tras cada fracaso, pero al final alcanzó su objetivo, alcanzó el éxito que buscaba, y fue su constancia la que le llevó a conseguirlo.

Es importantísimo, seguir todos los pasos de nuestra técnica, no sirve de nada adquirir una aptitud mental realista si al final no vamos a ser constantes, porque quizás nos quedemos a un paso de nuestro éxito, lo tendremos en nuestra mano pero por inconstantes podemos quedarnos simplemente a las puertas de conseguirlo.

Para muchos, os sorprenderá que os diga que desde que nacemos somos constantes y que en muchos casos conforme vamos creciendo se va perdiendo, nos vamos haciendo cómodos o conformistas, por ejemplo; muchas veces hemos visto como un niño cuando quiere algo insiste una y otra vez, a veces incluso llorando, llegando a hacerse un poco pesados, y llevándonos a un punto que no aguantamos más ni los sollozos, ni las pataletas. Y en este caso que hacemos, normalmente es tanta la presión y los nervios que nos provoca que en muchas ocasiones cedamos a sus pretensiones. El niño, ha puesto en práctica su constancia, sabe cual es su objetivo y utiliza las herramientas que posee (pataletas, lloros, etc.), y las utiliza tantas veces y durante todo el tiempo que sea necesario hasta conseguir lo que quiere.

Hagamos una reflexión personal, intenta recordar algún logro a lo largo de vuestra vida donde no hayas sido constante, por ejemplo, recuerdas cuando viste a esa chica/o que te gustaba y querías que fuese tu novia/o, seguro que fuiste constante hasta alcanzar tu objetivo, o recuerdas cuando te sacaste el carné de conducir, seguro que estudiaste con constancia hasta conseguirlo, o recuerda cuando hiciste el último viaje con los ahorros de todo el año, fuiste constante y ahorraste durante un tiempo hasta alcanzar tu objetivo, y muchos más casos, que estoy seguro que te vienen a la mente.

Antes de pasar al próximo capítulo, vamos ha hacer un ejercicio, vamos a dividir una hoja de papel en tres columnas verticales, en la izquierda vamos a poner todo lo que recordemos que hayamos conseguido y no hayamos tenido que ser constante, en la columna del medio pondremos una lista de todo lo que hemos conseguido siendo constante, y por último en la columna de la derecha vamos a escribir una lista con todas las cosas que no hemos conseguido a lo largo de nuestra vida por no ser constantes.

Si la columna de la derecha, es más larga que las otras dos, es que eres una persona inconstante, y por lo tanto debes rectificar tu aptitud para alcanzar nuevos objetivos. Si por el contrario, la columna del medio es la más larga eres una persona constante tienes que seguir así, y por último, si la columna de la izquierda es la más larga, eres una persona afortunada, pero te puedo asegurar que hasta ahora yo no he conocido ninguna persona que esta columna sea más larga que las otras dos.

También te recomiendo que hagas una reflexión, si tienes datos en la lista del medio (la de la constancia), y en la lista de la izquierda (inconstancia), quiere decir que en determinados momentos has sido una persona constante y en otros casos no, por lo tanto, piensa durante cinco minutos ¿Por qué has sido inconstante en determinadas ocasiones y en otras ocasiones has sido constante? Posiblemente, porque tuviste algún revés que te desmotivó, o te cansaste de intentarlo, no aplicaste rectificaciones (lo analizaremos en el próximo capítulo) o quizás porque no has querido pagar el precio para conseguir ese objetivo, a veces hay que pagar un precio para conseguir nuestros objetivos, y este precio puede ser material (dinero, cosas, etc.) o bien inmaterial (esfuerzo, elección, sufrimiento, tenacidad, etc.), el precio a pagar por conseguir nuestros objetivos también lo veremos en otro capítulo más adelante.

Como hemos podido comprobar la constancia es una de las claves para el éxito, pero recuerda que no es la más importante, debemos de seguir la técnica, desde adquirir una aptitud mental realista, hasta ser constantes, sin saltarnos ningún paso tal y como hemos explicado en los capítulos anteriores.

## 5. RECTIFICACIONES

Tenemos que saber de la importancia de las rectificaciones o también podríamos llamarles ajustes.

Como hemos visto en los capítulos anteriores, una vez definidos los objetivos realistas y después de pasar a la acción, si vemos que en lugar de alcanzar los objetivos nos estamos desviando tendremos que realizar todas las rectificaciones necesarias.

Veamos un ejemplo muy sencillo, hace unos días estaba viendo una carrera de coches. Había comenzado con un cielo nublado, pero el asfalto estaba completamente seco, tras 30 minutos de carrera, comenzó a caer una fuerte lluvia, en ese momento todos los coches uno detrás de otro comenzaron a entrar en los boxes para cambiar de neumático seco (que es el que llevaban) a neumático para lluvia. La carrera continuó, había una dura lucha entre el primer clasificado y el segundo, a falta de diez vueltas para finalizar, se apreciaba que el primer vehículo se agarraba al asfalto de las curvas mejor que el segundo clasificado, lo que le estaba permitiendo sacar poco a poco más ventaja, en ese momento el segundo clasificado decidió entrar en boxes y sus mecánicos le regularon el alerón delantero, inmediatamente volvió a la carrera, y mi sorpresa fue, que rápidamente, se podía apreciar como iba recortando distancia con el primer clasificado, había ganado adherencia en las curvas y eso le permitía entrar y salir más rápido de ellas. En la última vuelta y concretamente en la última curva, consiguió adelantar al primer clasificado y ganó la carrera.

Analicemos el ejemplo, los dos pilotos de los coches tenían la misma aptitud mental realista, eran buenos pilotos con buenos coches y se habían marcado como objetivo realista y alcanzable ganar la carrera. Cuando comenzó a llover, se dieron cuenta, que con los neumáticos de seco no podrían ganar la carrera puesto que el coche perdía adherencia e incluso podrían sufrir un accidente, optaron por rectificar y cambiaron sus neumáticos a unos especiales para lluvia. Pero fijaros en un detalle importante, el vehículo que iba en segundo lugar estaba viendo como el primero se estaba distanciando sobre todo porque tenía más estabilidad y adherencia en las curvas, lo cual, le permitía entrar más rápido en las curvas y con mayor estabilidad, y al mismo tiempo, salir más rápido de ellas, que hizo en ese momento, muy fácil, volvió a rectificar, ajustó su alerón delantero para ganar la adherencia y estabilidad que no tenía, y acertó, consiguió alcanzar al primer vehículo e incluso sobrepasarlo, proclamándose ganador.

Es un claro ejemplo, de que hay que realizar las rectificaciones necesarias para alcanzar nuestros objetivos.

Cuando tenemos claramente definidos nuestros objetivos realistas y alcanzables, si vemos que nos estamos desviando o simplemente nos damos cuenta de que no estamos obteniéndolos todo lo rápido que queremos, debemos de realizar los ajustes o rectificaciones necesarias. No debemos de tener miedo a realizar rectificaciones, porque estas rectificaciones, son las que nos permitirán alcanzar los objetivos.

Recordemos el ejemplo de la lámpara incandescente, T.A. Edison, rectificó tantas veces como fue necesario hasta alcanzar su objetivo, probó distintos tipos de materiales para realizar el filamento de la lámpara, hasta que al final consiguió uno que no se fundiese. No tuvo miedo en realizar todas las modificaciones necesarias, fue constante pero además realizó todas las rectificaciones necesarias.

Seguro que en alguna ocasión, habéis escuchado "que rectificar es de sabios", pues así es, todos podemos rectificar en nuestros planteamientos hasta alcanzar nuestros objetivos. Si vemos que no estamos obteniendo el resultado deseado, paremos un momento y apliquemos cambios o rectificaciones, y de esta forma nos resultará más fácil conseguirlos.

Daros cuenta que en muchas ocasiones a lo largo de nuestra vida tenemos que rectificar, en actos muy cotidianos rectificamos, citemos ejemplos:

"Cuando vamos de viaje con nuestro coche y vemos que en nuestra ruta inicial nos encontramos un gran atasco, en muchas ocasiones cambiamos de ruta, tomamos como opción otra carretera, que en principio no habíamos tenido en cuenta porque se realizan más kilómetros, pero que en este caso, es preferible antes que el atasco que nos hemos encontrado. Hemos rectificado nuestra ruta para alcanzar nuestro objetivo de llegar a nuestro destino lo antes posible."

"Los cocineros o cocineras, esos profesionales de la cocina que se encargan de darnos sus obras de arte culinarias, cuantas veces cuando están realizando un guiso, o un plato, y siempre tras probar una cucharada comprueban que le falta sal, echándole una cucharada más. Simplemente, están rectificando, si está soso, le echan un poco más de sal hasta obtener el sabor adecuado."

"Los niños, los grandes expertos en rectificar.

Cuando un niño quiere algo, sea lo que sea, utiliza todas las técnicas a su alcance para conseguir su objetivo. Si un niño quiere algo primero lo pide, si su padre o madre no se lo da, rectifica, comienza a llorar, si sigue sin conseguir su objetivo, sigue llorando y pataleando, y si a pesar de ello no lo consigue, llora, patalea, se pone pesado, etc., y en ocasiones cambian de aptitud y se ponen hacernos caricias y darnos besitos, y así rectificando constantemente, hasta que consigue su objetivo. Estoy seguro que te suena este ejemplo, bien por que eres padre o madre, o porque tienes sobrinos que emplean esta técnica de rectificar, o simplemente porque os acordáis de cuando erais niños."

Por lo tanto, no debemos de tener miedo a rectificar, ten en cuenta, que lo más importante es alcanzar nuestro objetivo realista, no importa cuantas veces tengamos que rectificar, lo importante es pensar, que en muchas ocasiones nos veremos obligados a cambiar, y no porque nos hayamos equivocado en nuestro planteamiento, ni con las herramientas que estamos utilizando, y por supuesto nunca pensar en que algo ha fallado. Si hemos realizado todos los pasos de la técnica de "la aptitud mental realista", nada puede fallar, los objetivos los hemos definido como alcanzables, estamos utilizando las herramientas adecuadas y que disponemos, entonces el vernos obligados a rectificar, solo se debe a que a veces las circunstancias cambian, a veces nos encontramos con circunstancias que a priori no podíamos prever o que se han modificado mientras nosotros estábamos comenzando la acción para alcanzar nuestros objetivos, sea por lo que sea, debemos de ser conscientes que la rectificación, solo es un paso de adaptación para alcanzar nuestros objetivos, en definitiva para alcanzar nuestro éxito.

Te puedo asegurar, que rectificar nunca es un paso atrás, sino un paso adelante, y por lo tanto, esto quiere decir que si cada vez que rectificamos es un paso adelante, cada vez estamos más cerca de alcanzar nuestro objetivo real.

Me estoy acordando, de un amigo que tiene un bar en un pueblo cercano a la localidad donde vivo. Cuando abrió el bar, lo enfocó solo como bar de tapas, al principio le iba bien, pero por determinadas circunstancias, el negocio comenzó a flojear, cada día le funcionaba peor. Desde que abrió el bar, no quiso hacer bocadillos ni menús, y cerraba un día a la semana. Evidentemente, su objetivo era que funcionase su negocio, pero algo fallaba, se paró un día a reflexionar y decidió hacer bocadillos, menús y también sus tapas famosas, además decidió sacrificarse y abrir todos los días. A partir de ese momento, pudo comprobar como su abanico de clientes era más amplio, y esto le proporcionó más trabajo y más ingresos, alcanzando su objetivo, que era simplemente que su negocio funcionase como él quería.

Desde que mi amigo decidió rectificar, su negocio funciona como él quería, no tuvo miedo a realizar cambios porque él sabía cual era su objetivo, y además para alcanzarlo estuvo dispuesto a pagar un precio, este precio era sacrificarse más, abriendo el día que cerraba por descanso, así obtener un día más de ingresos a la semana. Por lo tanto, además de rectificar, pagó el precio necesario para obtener el éxito.

# 6. PAGAR EL PRECIO

Estamos acostumbrados a pagar un precio por todo lo que queremos. Cuando vamos a unos grandes almacenes a por comida, ropa, libros, o cualquier cosa, siempre debemos de pagar un precio.

Si queremos abrir un negocio debemos de pagar un alquiler, unas tasas para obtener permisos, un mobiliario, productos y así sucesivamente.

Por lo tanto, estamos dispuestos a pagar un precio por todo.

Seguro que en alguna ocasión hemos escuchado la siguiente frase: "lo que daría yo por tener esto, o aquello".

Entonces, te voy ha hacer una pregunta, ¿Cuánto estarías dispuesto a pagar para obtener todos los objetivos que te planteas?, también te pregunto, ¿Qué estarías dispuesto a pagar por tener éxito?

Por último, te haré una última pregunta, ¿alguien te ha dicho que la vida es fácil, que el éxito se consigue fácilmente, que no hay que hacer nada para triunfar y conseguir tus objetivos?, nadie te ha dicho nunca nada de esto.

El precio para conseguir nuestros objetivos y alcanzar el éxito, puede ser material o inmaterial. El material, es todo aquel que puede realizarse con algo tangible, como puede ser dinero, productos, artículos, y más, mientras que el inmaterial, es todo lo intangible, por ejemplo, esfuerzo, sacrificio, constancia (sobre esta última, ya hemos hablado en capítulos anteriores), paciencia, tenacidad, sufrimiento, y así podríamos enumerar todo aquello que es intangible.

Por lo que respecta, a pagar el precio para conseguir nuestros objetivos con algo material, enseguida pensamos en muchas situaciones que nos han ocurrido a lo largo de nuestra vida. Un amigo llamado Eduardo, era profesor de una autoescuela, llevaba veinte años como profesor, y su ilusión había sido siempre la de tener su propio negocio, y concretamente una autoescuela. Ese era su sueño, su objetivo era trabajar para él, sabía que tenía los conocimientos y la experiencia necesaria, se puso a buscar un local para abrir su negocio, se puso en contacto con vendedores de automóvilcs, una vez encontrado el local encargó un plan de viabilidad del mismo, cuando los expertos le entregaron este plan con un estudio positivo, vendió un piso que tenía de su propiedad, y este capital lo invirtió todo en su negocio. Comenzó a trabajar duramente, al principio, como no podía contratar profesores, todo el trabajo lo realizaba él, trabajaba quince horas diarias, pero todo este esfuerzo, le hizo alcanzar su objetivo. En la actualidad, tiene seis personas trabajando en su autoescuela, tiene un negocio de éxito, y está orgulloso de haber conseguido su sueño.

Mi amigo Eduardo, pagó el precio para conseguir su objetivo, en primer lugar pagó con algo material, con dinero pagó toda la inversión necesaria para abrir este negocio, pero también pagó el precio de forma inmaterial, ¿Cómo? Con su esfuerzo, su constancia, y su sacrificio, trabajando muchas horas al día, trabajando duramente, dedicando horas que podía estar con su familia, pero al final, después de pagar el precio, lo más importante es que alcanzó su objetivo, consiguió el éxito de su negocio, en definitiva consiguió su sueño.

En un capítulo anterior, vimos la importancia de ser constantes, pero no olvidemos, de la importancia de pagar el precio para alcanzar nuestros objetivos, para alcanzar nuestros sueños.

Muchas veces podemos ver, que la diferencia entre una persona de éxito y otra que no lo tiene, es simplemente que el primero estaba dispuesto a pagar cualquier precio para alcanzarlo, mientras que el segundo no estaba dispuesto.

Cuando terminé mi bachiller, unas compañeras de mi clase decidieron estudiar DUE (diplomada universitaria de enfermería), el objetivo de estas compañeras y amigas era trabajar en un hospital como enfermeras, era su vocación y su sueño. Estudiaron duramente, durante la carrera y consiguieron diplomarse. Cuando finalizaron sus estudios, pasaron a la acción para alcanzar su sueño, se pusieron a buscar trabajo en su localidad, pero pronto se dieron cuenta que no había trabajo para ellas, era prácticamente imposible, pero no se desanimaron, su objetivo y su sueño seguía latente en su mente. Rectificaron en su planteamiento y comenzaron a buscar trabajo en otras localidades (cambiaron a una aptitud mental rcalista), lo hicieron con tanta ilusión y constancia que pronto encontraron una oportunidad de trabajar en una localidad, casi trescientos kilómetros lejos de sus casas. No dudaron, decidieron trasladarse y ponerse a trabajar en el hospital de esa localidad. Tuvieron que dejar a sus familias (padres y hermanos), e incluso para una de ellas, fue también muy duro

tomar esta decisión porque además tenía novio, habían comprado un piso para casarse, y el tener que dejarlo todo, era muy duro. Pero era tanta la ilusión que tenían, que pagaron el precio para alcanzar su objetivo, su sueño. Se trasladaron a esta localidad y se pusieron a trabajar, actualmente, aún siguen trabajando allí, la que tenía novio pagó también un alto precio, al final la relación con su novio se enfrió, dejaron la relación, pero afortunadamente, allí encontró otra persona con la que compartir su sueño. Hoy, están felizmente casadas, con unos hijos preciosos, con un marido con el compartir su vida, y lo más importante, es que su sueño se hizo realidad y lo pueden compartir con sus familias.

Otras compañeras que estudiaron también la misma carrera que estas amigas, decidieron quedarse en nuestra ciudad, intentaron trabajar y no encontraron oportunidades, sabían que si se iban a otra localidad si podrían trabajar, pero no estaban dispuestas a pagar el precio, no estaban dispuestas a abandonar su familia para conseguir su sueño, al final no trabajaron de enfermeras.

Aquí podemos ver un ejemplo claro del por qué hay gente que consigue alcanzar su sueño, en definitiva, el éxito y otras no lo alcanzan, unos están dispuestos a pagar el precio y otros no.

En este último ejemplo, vemos que el precio que han pagado para alcanzar su objetivo no era material, sino todo lo contrario, era intangible, pagaron el precio con ilusión, decisión firme, con dolor, por tener que abandonar su familia y por supuesto, con convicción de que lo que hacían era con la única finalidad de alcanzar su sueño.

La gran mayoría de los deportistas de elite, nacieron en el seno de familias humildes, sin embargo, alcanzaron sus objetivos y el éxito. ¿Por qué?, porque pagaron el precio, la gran mayoría de ellos, sacrificaron su infancia, entrenando duramente, mientras los chicos de su edad jugaban o salían de fiesta, ellos se dedicaban a entrenar, sacrificaron muchísimas cosas, pagaron un precio, para conseguir su sueño, alcanzando el éxito en su deporte favorito. Estoy seguro, que os viene a la mente un sin fin de deportistas conocidos, tanto nacionales como internacionales.

Hagamos una pausa, para recopilar la información que hemos visto hasta ahora desde el primer capítulo de este libro. Como habéis podido comprobar, la técnica de la aptitud mental realista, consiste en una serie de acciones o pasos a seguir, en el primer capítulo vimos la importancia y en que consistía la aptitud mental realista, a continuación, aprendimos a definir objetivos realistas parciales alcanzables y objetivos realistas finales alcanzables, posteriormente, vimos la importancia de pasar a la acción, tras este último paso, comprobamos la necesidad de ser constante, el paso que le seguía era el de las rectificaciones y en este capítulo, estamos en el apartado de pagar el precio.

¿Sabéis cual es de todos estos pasos el más importante?

Todos son importantes, todos los pasos son los que debéis seguir en nuestra técnica de la aptitud mental realista, pero lo que si os puedo decir es que este capítulo, el de "pagar el precio", es muy importante que lo entendáis bien y lo asimiléis, por una sencilla razón, porque si hasta ahora habéis seguido los pasos anteriores y no pagáis el precio no consiguiereis vuestros objetivos, no conseguiréis el éxito que estáis buscando, así que vamos a seguir con el tema y presta mucha atención, porque aunque este capítulo, no es el más importante sí que es imprescindible, porque es uno de los últimos pasos hasta que alcances el éxito en todo lo que te propongas.

Estamos viendo en que consiste "pagar el precio" para obtener el éxito, hemos visto algunos ejemplos donde se ha comprobado que puede ser el pago de una forma material o inmaterial. En un seminario al que acudí, uno de los participantes estaba comentando a otro lo siguiente "todo lo que estamos escuchando aquí está muy bien, la teoría parece lógica y fácil, pero conmigo no funciona, yo quiero montar una tienda de vehículos de ocasión, pero no dispongo ni de capital para coger un local, ni para comprar coches de ocasión para su posterior venta, así que pienso que esta teoría no me sirve para mí, ¿Cómo voy a pagar el precio, si no tengo dinero?". Entonces me acerqué y le dije: "amigo, creo que no has entendido bien la técnica que he explicado en el seminario, en primer lugar he comenzado a explicar en que consiste la aptitud mental realista, y después de escuchar lo que acabas de decir, sinceramente creo que te equivocas, la situación real tuya es que quieres tener un negocio de compraventa de vehículos, pero no tienes vehículos, entonces te propongo un plan real para adquirir la aptitud mental realista, plantéate iniciar tu negocio sin local y sin vehículos, simplemente, comienza a moverte contactando con gente que venda su vehículo, al mismo tiempo empieza a ofrecerlo a otras personas que los busque, plantéate como objetivo parcial alcanzable ir vendiendo unos pocos coches, del beneficio que obtengas, compra algún coche a buen precio como inversión, y sin prisa véndelo con el mejor precio posible, esta acción la aplicas en repetidas veces, hasta que dispongas de algunos vehículos. Pasa a la acción, como no dispones de mucho capital para emprender tu negocio, anuncias tus vehículos a través de Internet (redes sociales, anuncios gratuitos, etc.), dedica el tiempo necesario, siempre tienes que ser constante y verás, como se va creando una rueda que se hará prácticamente imparable, si ves que en algo se falla, rectifica, si ves que con la publicidad gratuita en portales de Internet no es suficiente, realiza un reparto de panfletos publicitarios (folletos) y repártelos en coches indicando que vendes o compras vehículos, y por último, paga el precio para alcanzar tus objetivos, para alcanzar el éxito, para llegar a tener tu local de venta de vehículos, trabaja duro, sacrifica tu tiempo de ocio para tu futuro negocio, y si aplicas estos pasos, estoy seguro que alcanzaras lo que deseas, y fíjate en una cosa muy importante, el objetivo final tanto en tu planteamiento como en el que te acabo de explicar es el mismo, la única diferencia es que tú, no habías aplicado una aptitud mental realista, si no dispones de capital para invertir no podías plantearte como objetivo tener tu propio local de negocio, empieza poco a poco, con objetivos parciales y al final alcanzaras tu fin.

Por lo tanto, no sirve de excusa decir que no tenemos dinero y por esta razón no podemos hacer nada, sino que lo que tenemos son unas pretensiones no realistas.

Tuve la gran suerte de conocer a Doña Amalia Minaya, os voy a contar su historia:

"Nació en 1920, en un pueblo de la provincia de Cuenca, en plena guerra civil española, contrajo matrimonio en 1938, con un oficial de uno de los dos bandos de la guerra (no especifico a que ejercito pertenecía, porque considero que es irrelevante), su marido iba y venía debido a la contienda, pasaba largos periodos lejos de ella. En 1938 y con tan solo dieciocho años de edad se queda embarazada y el dos de enero de 1939 nace su hija. La guerra civil española, termina oficialmente el día 1 de abril de 1939. Su marido se había ido al frente y nunca volvió (le dieron por desaparecido), él no llegó a conocer a su hija. En aquella época, todo el mundo en los pueblos se conocía. Cuando entraron las tropas ganadoras en el pueblo, rápidamente sus afines informaron de todas aquellas personas que estaban relacionadas con el bando contrario. Evidentemente, pronto informaron a estas tropas que ella era la esposa de un oficial del bando contrario.

Antes de que las tropas del ejército ganador fuesen a por ella con el fin de detenerla, con la ayuda de algunos familiares y de unas monjas del convento de su pueblo, emprendió camino a Valencia con su hija en brazos. Su hija tenía tan solo unos meses, y ella disponía de muy poco dinero. Cuando llegó a Valencia, se dirigió a ver a unos paisanos de su pueblo, para que se pudiesen quedar con su hija mientras ella buscaba trabajo. No disponía casi de dinero, por lo tanto debía de encontrar trabajo rápidamente. A los pocos días, ya casi sin dinero, durmiendo en un catre en casa de sus paisanos, y cuidando a su hija con casi nada que poder darle de comer (estaban en plena posguerra), encuentra trabajo limpiando las habitaciones de las prostitutas del barrio chino de Valencia.

Poco a poco, fue encontrando nuevos trabajos limpiando en casas, mejorando cada vez más su situación, llegando a trabajar en casas de gente importante de la sociedad valenciana.

Aprendió a leer y a escribir, viendo las vallas publicitarias de las calles y los rótulos de las tiendas. Aprendió a sumar y restar poco a poco, con ayuda de vecinos y amigos.

Educó a su hija, dándole los estudios básicos y formándola como una señorita de la época. Consiguió que a su hija no le faltase de nada, aunque nunca le sobró nada tampoco, hasta que esta se casó.

Trabajó toda su vida, mejorando cada vez más hasta que con sesenta años aproximadamente le dieron una paga de invalidez por enfermedad, para entonces se había casado en segundas nupcias con Andrés, un hombre maravilloso con el que vivía desde hacía más de veinte años. Con setenta y siete años enviudó.

Consiguió salvar todos los obstáculos a lo largo de su vida, siempre luchando con energía, con carácter, con ilusión. Pasó momentos muy duros, pero también muy felices a lo largo de su vida.

Disfrutó de su hija, de su marido y de sus nietos. Y a la edad de 90 años, a dos meses de cumplir los 91 años, el día 25 de Diciembre del 2010 (Navidad) falleció. Falleció convencida, de que había alcanzado en su vida todos sus objetivos, que no eran otros que ser feliz, y hacer feliz a su familia, a su marido, hija y nietos."

Esta es la historia de esta maravillosa persona llamada Amalia Minaya, la persona más feliz que he conocido, la más entregada con la gente, la más generosa, la más luchadora, era mi abuela, fue la persona que me enseñó, por primera vez la técnica de la aptitud mental realista, con sus acciones, y sin ella saberlo, viéndola como actuó a lo largo de su vida.

Comprobemos como mi abuela Amalia, aplicó la aptitud mental realista. En primer lugar, fue consciente de que su realidad era que se había ido de su pueblo a Valencia, que estaba sola con su hija y que no disponía casi de dinero. Se planteó como objetivo realista parcial alcanzable, encontrar cualquier trabajo que le permitiese darle de comer a su hija. Como objetivo realista final alcanzable, se planteó ir mejorando en sus trabajos hasta alcanzar un estado que le permitiese vivir dignamente y crear una familia. Nada más llegar a Valencia, paso a la acción, se puso a buscar cualquier trabajo, encontró primero uno, y poco a poco con constancia fue cambiando de trabajo, mejorando su situación laboral. Rectificó, tantas veces como fue necesario, mejorando constantemente su estatus, y por supuesto, pagó el precio para conseguir sus objetivos. Supo sufrir cuando la situación era límite, supo sacrificarse por su hija y después por el resto de la familia, luchó con todo su ímpetu para cambiar constantemente su situación, y alcanzó todos sus objetivos. Y como he dicho anteriormente, alcanzó su objetivo final realista alcanzable: Ser feliz y hacer feliz a su familia hasta su fallecimiento.

Habéis podido leer, algunos ejemplos de gente que ha pagado el precio para alcanzar sus objetivos. Hemos analizado algunos, donde el precio a pagar ha sido material y otros inmateriales. Pero la realidad, es que en la mayoría de los casos el precio a pagar es inmaterial (esfuerzo, sufrimiento, tesón, sacrificio, etc.), en otro porcentaje, el precio a pagar se compone tanto del inmaterial como el material (también hemos visto algunos ejemplos), y en muy pocas ocasiones es solo material.

# II PARTE

# ANEXO

# 7. SABER LO QUE NO QUIERES

¿Te ha sorprendido el título de este capítulo? Estoy seguro que si has llegado a leer hasta aquí este libro, es porque tienes muy claro lo que quieres, seguro que quieres cambiar cosas en tu vida, que aspiras a mejorar, que quieres alcanzar el éxito, que quieres triunfar en todo lo que te propongas, y muchas más cosas.

Sin embargo, como decía mi gran amigo Vicente González, en cada momento de nuestra vida es más difícil y por eso es también más importante saber lo que no queremos, que saber lo que queremos.

Es muy importante para tener una aptitud mental realista, saber lo que no queremos para nuestra vida. La clave, está en que si te pregunto que es lo que quieres, rápidamente me darás una lista con todo lo que deseas, o anhelas. Pero sin embargo, si te digo que me hagas una lista con todo lo que no quieres para ti, ¿Serías capaz de hacer una lista?

Vamos ha hacer un pequeño ejercicio, en un papel, vas a elaborar una lista con todo lo que quieres en esta vida, en esta lista, vas a enumerar por orden de importancia para ti, todo lo que quieres en lo relacionado al amor, trabajo, amistad, familia, y estudios, por ejemplo. Veras con qué facilidad empiezas a escribir, todo lo que quieres sobre cada uno de los temas que te he indicado, te vendrán rápidamente a la mente y lo escribirás en papel, y prácticamente sin dudar en nada.

Ahora bien, en el mismo papel y por la parte de atrás vas a escribir una lista, referente a los mismos temas que la lista anterior, y también ordenada por prioridades, pero en este caso poniendo todo lo que no quieres.

Si has hecho este ejercicio tan sencillo, estoy seguro que a diferencia de la primera lista, en la cual te habrás puesto a escribir rápidamente, en esta segunda lista, habrás tenido que pensar más para poder escribir, y conforme vayas escribiendo te irán surgiendo dudas de si realmente son esas cosas las que no quieres, y también dudaras de si las estás poniendo por orden de prioridades.

También, puedes comprobar que la primera lista es más larga que la segunda. ¿Sabes por qué? La respuesta es pura lógica, desde que nacemos, nos acostumbran a preguntarnos que es lo que queremos. Por ejemplo, cuando tenías entre diez y catorce años cuantas veces te preguntaron, ¿Qué quieres ser de mayor?, a que nunca te preguntaron que es lo que no querías ser de mayor. Estoy completamente seguro, que alguna vez te han preguntado si quieres ser rico, o una persona de éxito, o si quieres ser feliz.

Estas dos listas que hemos hecho las debes de guardar, porque van a ser necesario para emprender tu camino hacia el éxito.

Cuando hayas definido claramente todo lo que no quieres para tu vida, habrá llegado el momento de aplicar una aptitud mental realista para cada uno de los conceptos que has escrito. Teniendo claro lo que no quieres, podrás definir las prioridades de lo que quieres, y te resultará más fácil fijar objetivos realistas alcanzables.

No hace mucho, hice un pequeño estudio, salí a la calle y al azar hice a personas con las que me cruzaba dos preguntas:

1ª Pregunta: ¿Qué es lo que quiere para su vida?, en esta pregunta la gente rápidamente me contestaban diciendo, dinero, amor, salud, ser rico, ser feliz, un coche de gama alta o trabajo, etc.

2ª Pregunta: ¿Qué es lo que no quiere para su vida? Para contestar esta, la gente se paraba a pensar, y curiosamente la gran mayoría de la gente me contestaba primero diciendo "pues no se", y tras pensar un poco más, me contestaban con: pues no quiero estar enfermo, o no quiero que le pase nada a mi familia, o no quiero quedarme sin trabajo, etc.

Tras realizar este pequeño estudio, me di cuenta de dos datos importantes, en primer lugar, que las personas no tenemos muy claro lo que no queremos y al principio dudamos en la respuesta, en segundo lugar, que cuando nos planteamos que es lo que no queremos, dejamos de ser materialistas, y nos preocupamos más de nosotros mismos y de nuestro entorno, en definitiva, de nuestra salud y la de nuestros amigos y familiares.

En una ocasión, a una amiga mía que se había divorciado de su marido, le pregunté ¿Por qué te has divorciado?, ella rápidamente me contestó, que se había divorciado porque la relación con su marido ya no era buena, apenas se hablaban, discutían constantemente, ya no estaban a gusto juntos, y lo más importante (que es lo que más me sorprendió) se había divorciado, porque esa relación y esa forma de vida de pareja no la quería para el resto de su vida.

Curiosa respuesta la de mi amiga, al principio si os dais cuenta en la contestación lo que estaba haciendo era justificar la razón de su divorcio, (ya no estaba a gusto, etc.) mientras que al final, me dijo realmente el por qué, se había dado cuenta que es lo que no quería para el resto de su vida. Al tener claro esto, aplicó una aptitud mental realista, se fijó como objetivo realista alcanzable ser feliz, y pasó a la acción, se divorció de su marido.

En este ejemplo, podéis ver la importancia de saber lo que uno no quiere, cuando tenemos claro que es lo que no queremos, actuamos rápidamente, con más convicción, con más seguridad, y todo esto, nos permitirá adquirir una aptitud mental realista.

Veamos otro ejemplo, otro amigo mío, que tiene un bar, hace un año tenía problemas de alcohol y en ocasiones, tomaba sustancias prohibidas, lo cual le estaba perjudicando seriamente, tanto a su salud como al funcionamiento de su negocio. Afortunadamente, con la ayuda de su familia y de algunos amigos, se dio cuenta que él no quería estar el resto de su vida así, porque al final, acabaría alcoholizado y llevaría su negocio a la ruina. Tras tomar la decisión de lo que no quería, se fue a una clínica especializada ha tratarse sus adiciones, convencido de que quería cambiar y con la ayuda de profesionales, pudo dejar aquellas adicciones y hoy en día, se encuentra perfectamente y su negocio cada día funciona mejor.

Otro claro ejemplo este que acabamos de ver de la fuerza que nos da, el saber lo que no queremos. En este caso, no quería seguir enfermo con esas adicciones, él sabía que no le iba a traer nada bueno, mi amigo, cambió a una aptitud mental realista, se fijó como objetivo realista alcanzable dejar estas adicciones, pasó a la acción (se puso en manos de profesionales), fue constante ante las crisis que pasaba, pago el precio (paso momento muy malos con ansiedad, nervios, delirios, etc.), pero al final consiguió su objetivo, alcanzó el éxito en su propósito.

Por lo tanto, tienes que ser consciente de la importancia de saber lo que no queremos, más importante incluso que saber que es lo que si queremos.

# 8. LA PACIENCIA

La paciencia, es una virtud que tenemos los seres humanos, tenemos que saber aplicarla para poder conseguir nuestros objetivos y alcanzar el éxito.

Hemos visto la importancia que tiene la constancia para poder aplicar la técnica de "la aptitud mental realista". Pues bien, la paciencia está estrechamente ligada a la constancia, difícilmente vamos a ser constantes si no tenemos paciencia. La razón es muy simple, cuando estemos aplicando todos los pasos de este libro, debemos de ser conscientes que los resultados no llegan en ocasiones tan rápidos como queremos, esto puede provocar que seamos impacientes, esta situación nos puede provocar que nuestro carácter no sea positivo, que nos pongamos de mal humor, que nos sintamos frustrados y todo esto puede hacer que dejemos de ser constantes y abandonemos antes de alcanzar nuestro objetivo final realista y alcanzable.

En ningún caso, debemos de confundir la paciencia con ser pasivos, me explico, recuerda que uno de los pasos de la técnica que has leído en este libro era "rectificar", si estamos siendo constantes, estamos viendo como aplicamos todos los pasos tal y como hemos aprendido, y vemos que los objetivos no se están alcanzando, no debemos transformamos en una persona pasiva, difícilmente podremos realizar las rectificaciones necesarias para alcanzar nuestros objetivos si nuestra aptitud es pasiva.

En ocasiones, en situaciones cotidianas hemos sido impacientes, y no solo no hemos alcanzado nuestro objetivo, sino que además hemos podido salir perjudicados, e incluso podríamos decir que hemos dado un paso hacia atrás, perdiendo tiempo, oportunidades, e incluso a veces dinero.

Veamos un ejemplo de paciencia: "No hace mucho, vi en televisión que se iba a celebrar un concierto de un cantante internacionalmente famoso, además era el único concierto, donde iba a cantar en este país, en la entrada del lugar donde se iba a realizar el concierto, habían desde una semana antes grandes colas con fans. El motivo por el que estaban allí, era para poder entrar de los primeros y así poder estar en las primeras filas cerca del escenario y poder ver más de cerca a su ídolo. Así ocurrió cuando se abrieron las puertas, entraron los primeros y estuvieron cerca de su ídolo".

En este ejemplo, podemos ver como se ha aplicado la técnica de la aptitud mental realista, en primer lugar, sabían que iban a ir mucha gente, los fans que estaban esperando, tenían un objetivo realista alcanzable que era, ver de cerca de su ídolo, pasaron a la acción y fueron una semana antes ha hacer cola en la entrada, fueron constantes y pacientes durante siete días, pagaron el precio, tanto material como inmaterial, el material evidentemente el precio de la entrada, y el inmaterial, el sacrificio de pasar esos días comiendo y durmiendo a la intemperie, pasando frió por la noche e incluso algunos días con lluvia, pero al final alcanzaron su objetivo, vieron a su cantante preferido en primera fila e incluso algunas fans pudieron abrazarle y besarle, en definitiva alcanzaron su triunfo, su éxito.

Ahora vamos a ver otro ejemplo, pero ahora de impaciencia, en las pasadas navidades, salió a la venta un nuevo modelo de una consola de juegos muy conocida, era el regalo perfecto de estas fechas, una cadena de grandes almacenes cercana a mi casa, lanzó una oferta sensacional, durante cinco días el precio de venta tendría un cincuenta por cien de descuento, la oferta era maravillosa, el ahorro era considerable. Una vecina mía, me comentó que estaba interesada en hacerle ese regalo a su hijo, entonces le comenté la sensacional oferta, ella sorprendida y alegre me dijo que al día siguiente iría ha comprarla. Pasados unos días y una vez finalizada la oferta, me encontré con mi vecina y le pregunté si su hijo se había puesto contento con el regalo de la consola, ella triste, me dijo que no la pudo comprar. Sorprendido, le pregunté por qué no la había conseguido, y ella me dijo: "pues mira, como te dije, fui al día siguiente a por ella, cuando llegue al centro comercial ya no habían, así que decidí ir al día siguiente, fui antes de que abrieran, había una larga cola de gente esperando, al ver estas circunstancias, me di media vuelta y me fui, al día siguiente hice la misma operación, pero me esperé haciendo cola durante una hora, pero al final me cansé y me fui, al cuarto día repetí la operación y también me fui, y el último día de la oferta otra vez lo mismo, en definitiva que se acabó la oferta y no la compré, pero lo peor de todo, es que a la semana siguiente, quise comprarla en otro sitio al precio normal y estaban totalmente agotadas, y ya no se la he podido comprar a mi hijo.

Este es un claro ejemplo de impaciencia, mi vecina no tuvo la paciencia de esperar en la cola, no

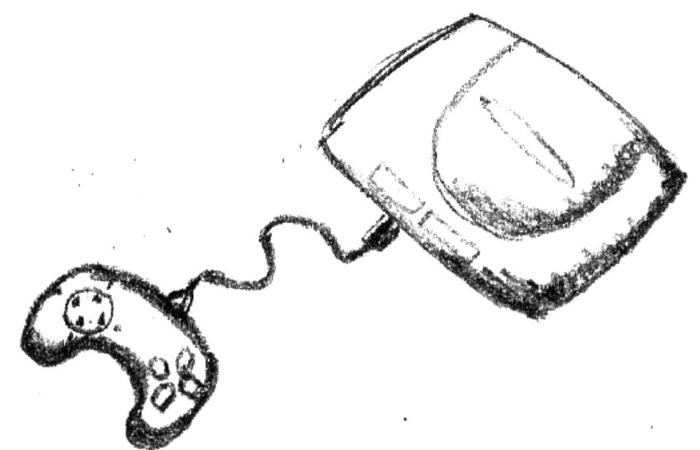

quiso pagar el precio de esperarse hasta entrar y comprar la consola, pero además, esto le produjo una gran desilusión porque su hijo se quedó sin el regalo que él quería.

Por lo tanto, tenemos que ser pacientes y cuando los resultados no se produzcan con la rapidez esperada, antes de pasar a un estado de impaciencia y tomar decisiones equivocadas debemos de contar hasta diez, o hasta veinte, o tantas veces como sea necesario, si no lo hacemos así en lugar de alcanzar nuestro objetivo, lo que nos pasará es que adquiriremos un estado de frustración, que nos bloqueará y nos impedirá seguir alcanzando nuevos objetivos.

Cuantas veces hemos escuchado la frase: "La paciencia es la madre de la ciencia". Así es, cuantos avances científicos se han conseguido porque los investigadores han sido pacientes, que hubiese pasado si estos no hubiesen sido constantes y no hubiesen tenido paciencia, pues simplemente, que no habrían avanzado en sus investigaciones y no habrían conseguido sus objetivos.

Evidentemente, todas las personas que no tienen paciencia, tienen que hacer un esfuerzo por adquirir este hábito, la mejor forma de conseguirlo, es visualizar el objetivo que estamos persiguiendo, visualizar mentalmente el estado en que nos encontraremos cuando hayamos conseguido nuestra finalidad, la felicidad de haberlo logrado, la satisfacción de ver que hemos obtenido la recompensa, y todo este estado de ánimo que habremos conseguido, nos permitirá plantearnos nuevos objetivos y nuevos logros.

Si has llegado a esta parte del libro, te puedo decir qué: lo primero, que estás buscando alguna fórmula para cambiar determinadas cosas de tu vida, en segundo lugar, que has sido constante y has leído hasta aquí y por último, que eres una persona paciente, sino fuese así, hace tiempo que habrías cerrado este libro.

Por lo tanto, sigue leyendo, estás en el camino y lo único que necesitas es un empujón para alcanzar el éxito en todo lo que te propongas, y espero que ese empujón te lo dé la lectura de este libro.

# 9. LA PAREJA

El ser humano por excelencia, tiene la necesidad de compartir y sentirse querido. Siempre que hemos tenido algún éxito a lo largo de nuestra vida, lo primero que hemos hecho, ha sido compartirlo con alguien, ese alguien ha sido la persona que más hemos querido en ese momento, puede haber sido un familiar, un amigo o nuestra pareja.

Evidentemente, nuestra familia más directa, como pueden ser nuestros padres o hermanos, son un pilar muy importante para apoyarnos a la hora de plantearnos objetivos a lo largo de nuestra existencia, pero en la gran mayoría de los casos, nuestros familiares directos, no pueden solo centrarse en nosotros para ayudarnos en el camino del éxito. Nuestros padres tienen sus objetivos, nos pueden ayudar, pero si tienen más hijos (nuestros hermanos), su esfuerzo se divide entre todos ellos.

Con nuestros amigos pasa algo parecido, nos pueden querer mucho, estarían dispuestos a darlo todo por nosotros, pero al igual que nos pasa con nuestros familiares directos, ellos también poseen padres, hermanos y amigos, y en muchos casos pareja, lo cual hace que no se puedan implicar al cien por cien en nuestros proyectos, aunque la alegría que les proporcione la consecución de nuestro éxito les haga felices.

Pero qué ocurre con nuestra pareja, fíjate en un dato importante, ¿Sabes que la pareja, desde el punto de vista social, sin ser familia, es considerada como una parte de la familia? Estoy seguro que si te preguntan quienes componen tu familia, la respuesta será muy parecida a esta: "mi familia la componen, mis padres, mis hermanos, mis hijos (si los tienes) y mi pareja."

No hay nadie que excluya a su pareja de su ámbito familiar.

En una ocasión, navegando por Internet, leí lo siguiente (y pido perdón a la personas o personas que escribieron esto, por no recordar la fuente donde lo leí exactamente): "La pareja, se considera familia porque nunca abandona, está presente sin esperar nada a cambio, suelen ofrecer momentos sin igual e inolvidables, todo basado principalmente en el amor."

En el camino que has iniciado leyendo este libro, te recomiendo que no vayas solo, que busques a esa persona que sirva de pareja en tu proyecto de éxito.

La vida es como un carruaje, que es más fácil de arrastrar por una pareja que uno solo. El momento actual que vivimos, hace que sea más necesario el apoyo de nuestra pareja, por lo tanto, un primer objetivo para mejorar nuestra situación, es encontrar a esa persona que nos ayudará en los momentos difíciles, que nos apoyará en los momentos críticos, que nos alegrará en los momentos de tristeza, que compartirá la felicidad de los objetivos parciales realistas alcanzables que vayamos logrando. Por lo tanto, pasa a la acción con tu pareja, actuando los dos como uno solo, esto te permitirá conseguir todo lo que te propongas. Tu pareja, es la vitamina que necesitas todos los días. Tu felicidad y tu éxito están en manos de tu pareja.

En este libro, has aprendido la técnica de la aptitud mental realista para alcanzar el éxito, pero el camino que tienes que recorrer no va a ser fácil, tendrás momentos duros, en los cuales necesitarás del apoyo de alguien que te dé aliento y te anime, en esos momentos, es cuando "tu pareja" va a jugar un papel primordial, tienes que apoyarte en ella y para eso, es importantísimo que la integres y compartas dentro de tu proyecto, dentro de tus objetivos, dentro de tu aptitud mental realista.

Si te complementas con tu pareja y esta te apoya, te sentirás más seguro de tus acciones, te sentirás más querido y realizado, y esto hará que te hagas fuerte como una roca, prácticamente indestructible, no habrá nada, que te detenga ni te desanime, tu camino hacia el éxito en lugar de cuesta arriba será para ti como una llanura, no veras obstáculos, sólo verás tus objetivos al alcance de tu mano.

Os voy a contar una historia de una persona que conocí:

"Un hombre me contaba, que con veinticinco años se casó por primera vez, trabajaba como jefe en una empresa de alimentación, al mismo tiempo los fines de semana trabajaba en una empresa de seguridad, y por si fuese poco, montó un negocio de venta de prensa, revistas, y algo de alimentación. En un principio su esposa le apoyaba en todo, pero con el tiempo, ésta se fue cansando y dejó de apoyarle, pero sin embargo, ella quería mantener su ritmo de vida. Este hombre, se dedicaba a trabajar dieciséis horas diarias, mientras su esposa se encargaba de dilapidar todo lo que él ganaba. La relación se fue deteriorando cada vez más, hasta que al final influyó también en los trabajos que él desempeñaba, hasta el punto que dejó de trabajar en la empresa de alimentación, dejó de trabajar en la empresa de seguridad y el negocio empezó a resentirse hasta

que se vio obligado a traspasarlo. La situación económica se empeoró, al mismo tiempo que su matrimonio, hasta que al final se divorció.

Al poco tiempo conoció a otra persona, creía que había encontrado la pareja ideal, como él era una persona emprendedora abrió un nuevo negocio, en este caso una academia, su pareja que era licenciada en económicas, le apoyó dando clases, todo funcionaba bien, fueron pasando los años y su pareja empezó a buscar otro camino profesional, se puso a trabajar de asesora en una gestoría, empezó a llevar la gestión contable de algunas empresas, y se desvinculó totalmente de la academia. Debido a la actividad de cada uno, la relación se hizo más distante y por decirlo de alguna manera, cada uno emprendió caminos distintos, una vez más, el negocio de la academia se resintió, y la relación con su pareja también, se rompió esta relación y cada uno tomaron caminos distintos.

Este hombre, seguía buscando su fuente de éxito, se monto otro negocio, una tienda de informática. Al principio fue duro, no tenía ningún apoyo, pero el negocio comenzó a funcionar. Conoció a otra mujer, parecía todo perfecto, el negocio funcionaba bien y además había encontrado a una persona en la que apoyarse y compartir el éxito de su negocio. Al poco tiempo se caso con esta mujer, los primeros meses fueron perfectos. Un día, ella le dijo que puesto que el negocio funcionaba, y la forma de trabajar era tan buena, ¿por qué no abrían otra tienda? Él aceptó y abrieron el otro local, en un principio él estaría en una tienda y su esposa en otra, pero un día ella le dijo que había encontrado trabajo en otro sitio y que ya no iba a estar más en la tienda, esto hizo que él, se tuviese que dedicar a los dos negocios, la segunda tienda empezó a funcionar mal, comenzó a dar perdidas y lo peor, es que la primera tienda se vio perjudicada, hasta que al final tuvo que cerrar las dos. Al igual que en las relaciones anteriores, todo comenzó a ir mal y al final también se divorció de esta esposa.

Pero este hombre, tenía dos objetivos muy definidos, el primero, es que era una persona emprendedora, no iba a parar hasta conseguir el éxito que buscaba, y la segunda, es que ese éxito lo conseguiría compartiendo su sueño con una pareja.

Lo volvió a intentar, conoció a una mujer maravillosa que le entendía, que le apoyaba y le animaba. Pronto emprendió nuevos proyectos y en esta ocasión su pareja le apoyó siempre, compartió los momentos de éxitos, y en los momentos difíciles ahí estaba ella animándole, al final alcanzó su objetivo final.

Este hombre, me decía que había aprendido varias cosas, la primera, que el dinero era importante hasta cierto punto, lo segundo, que no había que desfallecer nunca, que había que intentar siempre alcanzar el objetivo deseado, y en tercer lugar, que nunca lo habría conseguido si no hubiese estado su actual esposa a su lado. Él estaba firmemente convencido, que esa mujer maravillosa existía, sólo tenía que buscarla hasta encontrarla. Hoy en día el mismo, dice que es la persona más feliz del mundo."

Con esta historia, podemos darnos cuenta de la importancia de la pareja, si nuestra pareja nos apoya y anima, el éxito está asegurado, sin embargo, si en lugar de apoyarnos y animarnos, se dedica ha hacernos más difícil nuestra existencia, posiblemente será un fracaso (es lo que le ocurrió a este hombre en sus tres primeras parejas).

La felicidad, es un estado natural de las personas, es como una planta con muchas ramas, que debemos de regar todos los días para que florezcan, riega tu felicidad a diario y como abono échale el amor de tu pareja y así conseguirás que estas ramas den flores más rápido.

Buscando información, he comprobado que en la gran mayoría de los casos detrás de cada persona que ha obtenido éxito, había otra que le animó y le apoyó.

Me viene a la mente, un gran pintor español que decía: "Mi musa, que me inspira, es mi esposa".

Cuando tenemos una estabilidad emocional con nuestra pareja, podemos alcanzar cualquier objetivo, nos vemos capaces de alcanzar el éxito en todo lo que nos propongamos.

Es de vital importancia, que compartamos con nuestra pareja los esfuerzos, las alegrías y los éxitos que alcancemos.

Estoy seguro, que si no tienes pareja, te estarás haciendo la siguiente pregunta: ¿Si no tengo pareja, quiere decir que aunque aplique la técnica de este libro no voy a alcanzar el éxito? Claro que si puedes alcanzar el éxito en todo lo que te propongas aunque no tengas pareja, lo que pretendo con este capítulo, es hacer ver a todas aquellas personas que tienen pareja y van a aplicar la técnica de la aptitud mental realista, que la impliquen en su proyecto, que compartan objetivos, que se apoyen entre ellos y de esta forma el camino hacia el éxito estará asegurado.

Si tenemos pareja, ésta debe de sumar valores a nuestros objetivos, nunca restar ni poner obstáculos, no puedes ir hacia el éxito con un lastre que te impida alcanzarlo.

Por lo tanto, la conclusión es muy simple, si no tienes pareja no pasa nada, puedes comenzar tu camino hacia tus objetivos, con tu fuerza natural es bastante, pero si tienes pareja, que se implique ésta en todo lo que vas ha hacer o estás haciendo, que no sea un freno, que sea tu apoyo, tu trampolín.

# 10. ¿QUÉ TE IMPIDE ALCANZAR EL ÉXITO?

Hasta aquí has recorrido un camino, has leído cómo tener una aptitud mental realista, cómo desarrollarla, qué puntos importantes tienes que tener en cuenta, si has leído este libro hasta aquí, es por alguna razón, si solamente lo has leído y aún no has puesto en práctica la teoría que te he explicado, con ejercicios que has podido leer en capítulos anteriores, mi pregunta entonces es: ¿Qué te impide alcanzar el éxito en todo lo que te propongas?¿Por qué no has comenzado a poner en práctica la teoría?.

Una pequeña historia que te puede ilustrar:

"Hace unos años había un abuelito que tenía dos pajaritos, concretamente dos periquitos preciosos, los tenía desde que habían nacido en una jaula grande, brillante, limpia, con columpios para ellos, comederos y algún juguete para que disfrutasen de su estancia. Como el abuelito era mayor, un día falleció, fueron sus familiares a su casa y cuando estaban recogiendo todas sus pertenencias vieron la jaula con los periquitos.

Uno de los familiares, preguntó que hacer con ellos, quien se los iba a llevar, nadie respondió, nadie estaba dispuesto a tenerlos en su casa y preocuparse de cuidarlos como lo había hecho hasta ese momento el abuelito. En ese momento de incertidumbre, uno de los familiares expuso la idea de abrirle la jaula y que se fuesen libres. Después de discutirlo entre todos los presentes, llegaron a esa conclusión. Entonces, una niña de diez años, nieta del abuelito, llorando y con mucha pena abrió la jaula y dijo las siguientes palabras: periquitos sois libres de empezar una nueva vida, sois libres para siempre.

Al principio, los periquitos miraban la puerta abierta, pero ninguno se movía, pasaron varias horas, seguían jugando en la jaula y comiendo, hasta que uno de ellos, se posó en el borde de la puerta de jaula, miro a un lado y otro, y al final salió volando, dio varias vueltas, hasta que al final salió por una ventana abierta.

El otro pajarito se quedó solo, triste, mirando hacia todos los lados de la jaula, le faltaba algo, le faltaba el abuelito que le hablaba, y le faltaba su compañero de jaula.

Todos los días los familiares iban a la casa a arreglar papeles, hasta que dejaron de ir. A los pocos días, fueron al piso del abuelito y vieron que el periquito estaba muerto, había muerto de pena y sin comida, y la puerta estaba abierta como la habían dejado. Y en la ventana estaba el otro periquito revoloteando."

Sabéis lo que había ocurrido, simplemente, que un periquito había decidido coger otro camino, explorar otros horizontes, buscar otras oportunidades, mientras el que se quedó en la jaula no hizo nada, se quedó allí, su vida no era igual, estaba solo, desamparado, pero la comodidad de la situación y la costumbre le impedía salir de la jaula.

Lo que le estaba impidiendo salir y buscar nuevos caminos podían ser varios motivos, la comodidad que había tenido hasta ese momento, porque era la única vida que había conocido, o porque no quería luchar por conocer otra.

Esto es lo que quiero que te plantees, si con la técnica de este libro, adquieres una aptitud mental realista y planteas tu vida de otra forma, con unos nuevos objetivos alcanzables, con constancia, y realizando todos los pasos que hemos visto en capítulos anteriores, ¿Qué es lo que te impide alcanzar tu éxito?, la comodidad, no creo que sea la razón, porque si estás leyendo este libro, es porque buscas algún cambio. El miedo a lo desconocido no lo creo, si tienes una situación complicada que miedo tienes ¿el de mejorar tu situación? Porque no tienes recursos, tampoco  creo que sea por eso, adáptate en tus circunstancias, y avanza poco a poco consiguiendo tus objetivos realistas parciales para alcanzar los finales.

Entonces ¿Qué es lo que te impide alcanzar el éxito?, ¿Qué es lo que te impide cambiar? ¿Qué es lo que te impide comenzar un nuevo camino?

No lo sabes, ¿verdad?, veamos otra historia que nos puede ayudar:

"Leyendo un libro sobre las curiosidades de algunos animales, leí que el águila imperial es uno de los animales más longevos, puede llegar a vivir setenta años. Es un ave, que vive de la caza, es depredadora, y para ello tiene un pico fuerte y unas garras fornidas que le permiten cazar presas de mucho más peso que ellas.

Cuando alcanzan aproximadamente la mitad de su vida (unos treinta y tantos años), su pico y sus garras se debilitan, lo cual les puede suponer un grave problema para la caza y en definitiva para sobrevivir.

El águila imperial, cuando alcanza este momento, lo que hace es que se alimenta todo lo que puede, coge fuerzas suficiente para emprender un largo viaje, con las fuerzas que le queda viaja hasta una montaña alta y  alejada de su hábitat.

Una vez ha alcanzado su destino, comienza a dar

fuertes picotazos contra el suelo, contra la roca, hasta que se arranca el pico,  y lo mismo hace con las garras, comienza a golpear fuertemente hasta que éstas son arrancadas.

A los pocos días, sin alimento, pero con las reservas suficientes para sobrevivir, comienza a crecer su pico y sus garras, hasta que cogen una consistencia fuerte y robusta, como las que tenían cuando eran jóvenes. Llegado este momento, con las pocas fuerzas que poseen, emprenden el viaje de vuelta, vuelven a su territorio, y con su nuevo pico y garras, comienzan a cazar y a comer, deslumbrando otra vez el horizonte con sus largas alas, con su fuerte pico y sus robustas garras. De esta forma, sobreviven hasta que al final mueren por la edad."

Impresionante la historia, pues esa es la aptitud mental realista que tenemos que tener, si no estamos en una situación o en unas condiciones adecuadas para alcanzar nuestros objetivos, para emprender un nuevo camino, debemos de romper con todo lo que nos impide dar este paso. Debemos de hacer como el águila imperial, quitarnos todo aquello que nos impide alcanzar el éxito.

Cambia todo lo que te oprima, todo lo que te sujete, todo lo negativo que no te permite alcanzar el éxito.

No hay que tener miedo a conseguir tus logros, como le pasaba al periquito de la jaula, no hay que tener miedo al sufrimiento para alcanzar tu objetivo, sabes que puedes hacerlo, solo tienes que plantearte que es lo que te sujeta para que no lo hagas, rompe estas ataduras, y con fuerza, ilusión, ganas y fe inicia tu camino.

El éxito está en tus manos, vuela, rompe todo lo que te sujeta en estos momentos, plantea una aptitud mental realista, sigue todos los pasos de la técnica de este libro, y sin miedo lo conseguirás, no tengas miedo al éxito, solo tienes que tener miedo a seguir como hasta ahora.

## 11. LA PARTIDA DE TU VIDA

Hemos escuchado en muchas ocasiones que la vida es como un juego, y así es, la vida es un juego que debemos de jugar, pero ¿Cómo?

Pienso que la vida es como una partida de ajedrez, y no os asustéis porque estoy seguro que a muchos no os gusta este juego, tampoco pretendo que aprendáis a jugar, pero si voy ha hacer una comparativa entre el ajedrez y nuestra vida.

Os voy a dar una breve definición de lo que es el ajedrez:

"El ajedrez es un juego racional, con dos jugadores, que disponen cada uno ocho pares de peones, una pareja de torres, una pareja de caballos, una pareja de alfiles y el rey con su pareja la reina, todas situadas en un tablero de sesenta y cuatro casillas. Un jugador juega con piezas blancas y otro con negras, comienza el juego el que posee las blancas realizando un movimiento y a continuación es el jugador que juega con negras el que realiza su movimiento, y así sucesivamente.

Las posibilidades de movimientos de cada jugador, son tan grandes que es imposible considerar las posibles combinaciones.

El objetivo de cada jugador, es ganar la partida al contrario, lo que se llama hacer jaque mate, pero durante el desarrollo del juego hay que ir alcanzando posiciones de ventaja, posiciones ganadoras, y para conseguirlas en muchas ocasiones hay que sacrificar alguna pieza.

Gana el jugador que hace jaque mate al otro."

Os explico la comparativa del juego de nuestra vida y el ajedrez.

Nuestro tablero es todo lo que nos rodea, el lugar en que vivimos, la gente con la que nos rodeamos, los familiares, los amigos, etc.

Nosotros al nacer, somos el jugador de piezas blancas que es el que empieza el juego, las piezas negras es la vida, concretamente, todo lo que nos rodea y nos va a ir ocurriendo.

Las fichas, son las herramientas que tenemos para jugar a lo largo de nuestra vida.

Cada vez que nosotros en nuestra existencia realizamos un movimiento, en nuestra vida se produce otro movimiento, a veces es el que nos interesa y otras veces va en contra de nosotros.

Nuestro objetivo parcial realista, es alcanzar unas posiciones que nos permitan al final conseguir nuestro objetivo final realista, ganar la partida.

En ocasiones, a lo largo de nuestra vida realizamos movimientos que no son los adecuados, igual que nos pasa cuando jugamos al ajedrez, en ese momento lo que hacemos, es rectificar como hemos visto en capítulos anteriores, también en muchas ocasiones, debemos de sacrificar alguna pieza para conseguir una posición mejor (recordar algunos ejemplos que hemos visto en el libro, por ejemplo cuando mis compañeras las enfermeras tuvieron que sacrificar el estar con su familia para conseguir su sueño).

Cuando hemos realizado correctamente todos los movimientos, al final ganamos la partida, hacemos jaque mate, conseguimos el éxito, conseguimos ganar la partida de nuestra vida.

Por lo tanto, debes de jugar la partida de tu vida, ser racional, tener una aptitud mental realista, cambiar tus movimientos, según los movimientos que realice la vida a tu alrededor, rectificar si ves que no avanzas en tus logros, plantearte algún sacrificio si el fin lo requiere, pero mueve ficha siempre basándote en una estrategia, el ganar el juego de tu vida sólo depende de ti.

Al igual que en el ajedrez, eres tú el único que puede jugar la partida de tu vida, nadie puede jugar por ti, a veces este, es el error que cometemos, que queremos que otros jueguen por nosotros. Puedes admitir consejos de las personas que te rodean, pero te darás cuenta que solo depende de ti y de tú aptitud.

Alguna vez, os ha pasado que cuando  estamos en una buena situación afectiva, familiar, y sobre todo económica, tenemos mucha gente a nuestro alrededor. Sin embargo, cuando todo se complica y estamos en nuestro peor momento, ¿Cuánta gente queda o se mantiene junto a nosotros? ¿Qué ocurre que todo el mundo desaparece en esa situación?

Por este motivo, quiero que seas consciente que solo tú tienes la solución a tus problemas en tus manos, solo tú puedes jugar la partida de tu vida y conseguir el jaque mate, el éxito.

No te dejes influenciar por personas negativas, no permitas que nadie te ponga trabas en tu partida, no permitas que nadie te diga que no vas ha ganar, ¿Por qué? Porque tu éxito o tu fracaso van a depender de tus movimientos en el juego.

En este libro, has podido aprender una técnica para poder jugar el juego de tu vida, aprovéchala, son pasos muy simples, secuénciales, pero hay que hacerlos, nadie va a mover las piezas en la partida de tu vida por ti, eres tú el que tienes que mover las piezas, y tampoco te puedes negar a jugar, has nacido y esto te obliga a jugar la partida de tu vida, y de ti depende ganarla o perderla.

Juega con cabeza, con sentimiento realista, con racionalidad, con seguridad, con paciencia, con constancia, rectifica si es necesario, pero ante todo plantéate un único objetivo GANAR LA PARTIDA DE TU VIDA, ALCANZAR EL ÉXITO.

## 12. EMPIEZA TU CAMINO

La aptitud mental realista, es la técnica que te va ha ayudar a empezar tu camino hacia el éxito.

Muchas personas que han triunfado, que han alcanzado el éxito, la han utilizado. Sin saberlo han ido aplicando cada uno de los pasos que he ido describiendo a lo largo de este libro. Sólo debes de pensar, en alguien que tú conozcas, que ha obtenido el éxito en algo y piensa si realmente ha seguido estos pasos, te sorprenderás, veras que lo han seguido sin tener este libro en sus manos.

Ésta es la clave, esta técnica que comparto contigo es a la conclusión que he llegado, después de leer muchos libros que hablaban de personas que han alcanzado el éxito.

En el prólogo del libro, he hecho hincapié en que esta teoría te va a permitir alcanzar cualquier objetivo que te propongas, y así es, te voy a poner algunos ejemplos en los cuales puedes aplicar esta teoría.

"Si quieres encontrar trabajo, utiliza esta técnica, se realista de que la situación actual es difícil, pero plantéate objetivos realistas parciales, mira que opciones tienes, utiliza todas las herramientas que tienes a tu mano (repartir currículums todos los días, hablar con la gente ofreciéndote para trabajar, etc.), pasa a la acción, se constante y no te desanimes, ten paciencia, rectifica si ves que los objetivos no se están alcanzando, y después de todo esto seguro que lo consigues."

"También puedes utilizar la técnica para conseguir esa pareja por la que sueñas todos los días, utiliza la técnica, y sobre todo, tienes que tener una aptitud mental realista, no podemos conquistar a una persona que no esté a nuestro alcance, plantéate un objetivo realista, y utiliza todas las herramientas que están en tu mano, conoce todo lo que a esa persona le gusta, y hazle ver que tú, eres como a ella le gustaría que fuese su pareja, conquístala con constancia, paciencia, rectifica si te equivocas, y si tienes que sacrificar algo por esa persona, sacrifícalo, paga el precio del éxito."

Puedes aplicar la técnica en todos los objetivos de tu vida que te plantees, tanto personales como materiales.

Otro aspecto importante, es que esta técnica la puedes aplicar tantas veces como quieras, y conforme vayas obteniendo resultados te iras afianzando en tu aptitud mental realista.

Empieza tu camino hacia el éxito, realiza el siguiente ejercicio: plantéate un objetivo realista parcial, mira las herramientas de las que dispones para pasar a la acción y empieza, sé constante, si ves que en lugar de acercarte a tu objetivo, te estás alejando, rectifica, y como hemos visto anteriormente, paga el precio para alcanzar el éxito.

En el prólogo y a lo largo del libro te he indicado en varias ocasiones que escribieses en un papel todos los ejercicios que te he planteado, al final del libro tienes tres páginas en blanco para realizar estos, pues ahora, te voy a dar un último consejo: en un papel escribe un objetivo parcial realista alcanzable, define con que herramientas cuentas para conseguirlo, escribe los pasos que tienes que seguir (pasar a la acción, constancia, si fuese necesario rectificar y pagar el precio), conforme vayas realizando estas acciones, te las marcas como realizadas, de esta forma verás la evolución que vas teniendo, y al final comprobarás como has alcanzado tu objetivo.

Este paso es muy importante que lo realices, muchas veces si no tenemos por escrito lo que queremos hacer o conseguir, no somos conscientes de en que punto nos encontramos, tú tienes que saber siempre que es lo que quieres y cómo lo estás haciendo, para ti, este papel va a ser como una guía, también te va a ser útil como recordatorio de cual va a ser tu final, de cual va a ser tu objetivo real alcanzable final.

¿Crees que un edificio o una casa se podrían construir sin planos? Seguro que en alguna ocasión, has visto a arquitectos, aparejadores, oficiales, encargados y más, en alguna obra, estos siempre van con papeles en la mano, esos papeles suelen ser planos del edificio que tienen que construir, les sirve de guía, sin ellos no podrían realizarlo. Lo mismo tienes que hacer tú, tienes que tener tus planos de lo que quieres conseguir, también tienes que saber que herramientas tienes y como vas alcanzando cada paso de la teoría de la actitud mental realista.

Por lo tanto, coge papel y bolígrafo y comienza a escribir o a diseñar tus planos hacia el camino del éxito.

Sabes una técnica que has aprendido en este libro, sabes lo que quieres, y seguro que necesitas hacerlo.

Si has llegado hasta aquí, quiero felicitarte por que ya has comenzado **TU CAMINO HACIA EL ÉXITO.**

## ESQUEMA

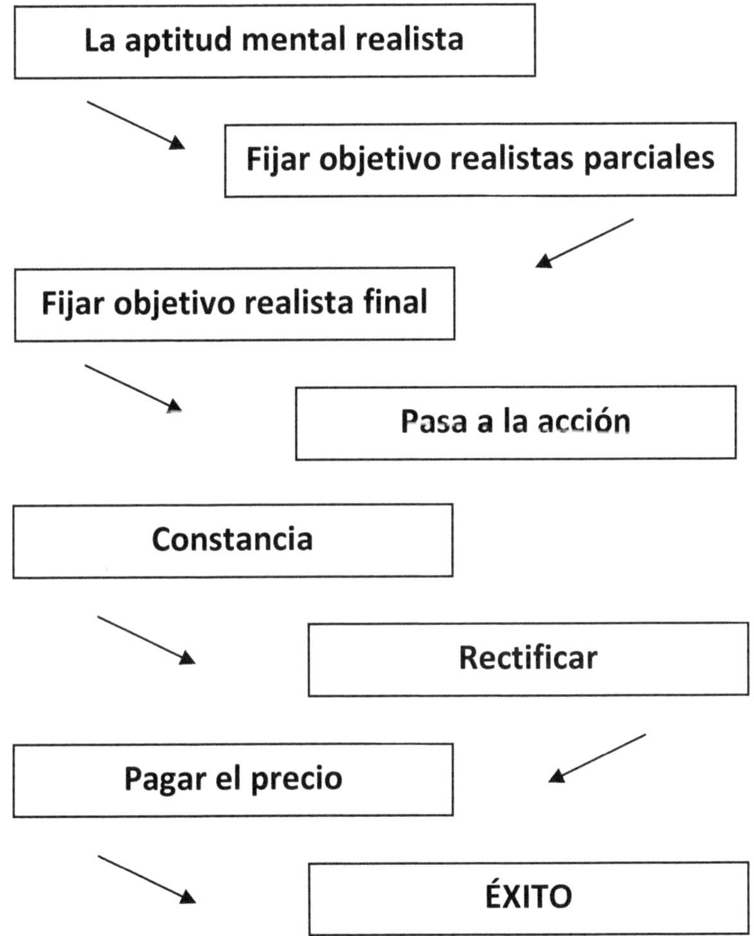
La aptitud mental realista
Fijar objetivo realistas parciales
Fijar objetivo realista final
Pasa a la acción
Constancia
Rectificar
Pagar el precio
ÉXITO

**Notas**

## Otros libros del autor

**Amistades y traiciones:**

**Sinopsis:** Amistades y traiciones es una historia de ficción basada en hechos reales. Saverio, él protagonista nos cuenta la experiencia vivida durante los últimos cinco años, tiene un taller de reparación de ordenadores, pero su amigo Vicent le convence para que entre a trabajar en el Hospital Princesa, donde trabaja él desde hace treinta años. Allí conoce a mucha gente, haciéndose muy amigo de algunos de ellos, e incluso llega a contraer matrimonio con una de las compañeras Pero al final estos amigos y compañeros lo traicionan, lo que le lleva a una situación muy complicada y desagradable. En el hospital ve situaciones, y hechos que nunca podía imaginarse, envidias, corrupción, prevaricación, enchufismo, oportunismo, robos, comisiones, y una gran cantidad de experiencias distintas.

**Página web en facebook de la novela:**

**https://www.facebook.com/AmistadesYTraiciones**

**Página web en facebook del libro "La aptitud mental realista, la solución a tus problemas":**

**https://www.facebook.com/LaAptitudMentalRealista**

**Página web del autor Javier Almenar:**

**http://javieralmenar.jimdo.com/**

www.ingramcontent.com/pod-product-compliance
Ingram Content Group UK Ltd.
Pitfield, Milton Keynes, MK11 3LW, UK
UKHW020128250726
13967UKWH00002B/533

9 781471 732331